AMERICAN WRITERS AT HOME

J. D. McClatchy
Photographs by Erica Lennard

美国文豪之家

[美] J. D. 麦克拉奇 ——— 著　　[美] 埃丽卡 · 伦纳德 ——— 摄影

赖小婵 ——— 译

上海译文出版社

致谢

谨此向在各方面予以我协助的莎拉·戴维斯、卡姆兰·贾瓦迪萨德、苏珊·比安科尼、马克斯·鲁丁、谢里尔·赫尔利、沙伦·格雷厄姆、马克·马高恩、亚历克斯·格雷戈里、伊莎贝尔·贝内罗和奇普·基德致以谢意。

向在我参观游览各家故居过程中提供便利的诸位致以谢意：

果园之家：简·特恩奎斯特、玛利亚·鲍尔斯；

凯特·肖班之家：阿曼达·谢诺、埃达·贾勒特；

马克·吐温之家：丽贝卡·弗洛伊德、约瑟夫·法奇诺、玛格丽特·摩尔；

狄金森之家：辛迪·狄金森；

弗雷德里克·道格拉斯之家：埃奥拉·丹斯、卡西·英格拉姆、尤莉叶·加隆斯卡；

爱默生之家：乔安妮·门特、大卫·伍德、卡罗尔·海恩斯、玛格丽特·班克罗夫特；

花楸橡树别业：威廉·格里菲斯、大卫·佳莱夫；

罗伯特·弗罗斯特农庄：莱斯利·李·弗朗西斯、杰克·哈格斯特伦、本·方丹；

古屋：劳里·巴特斯、罗伯特·德里、南希·约洛夫；

欧内斯特·海明威之家：约翰·但坦热；

向阳居：沙伦·厄勒；

石屋：林赛·杰弗斯、亚历克斯·瓦达密斯、琼·亨德里克森；

朱厄特之家：玛莎·舒亚；

克雷吉之家：詹姆斯·谢伊、保罗·布兰福德、安妮塔·伊斯莱尔；

箭头农场：玛丽·凯瑟琳·墨菲、凯瑟琳·雷诺兹；

斯蒂普尔山庄：伊丽莎白·班内特及其女儿文森特、霍利·佩佩、小惠特尼·诺斯·西摩尔；

安达卢西亚庄园：路易斯·弗洛伦库特、威廉·塞申斯；

大道别墅：大卫·布莱克本、玛格丽特·斯泰尔斯；

尤多拉·韦尔蒂之家：玛丽·爱丽丝·韦尔蒂－怀特、苏珊娜·马尔斯；

蒙特山庄：埃丽卡·唐尼丝、帕梅拉·屈贝尔；

沃尔特·惠特曼之家：利奥·布莱克。

——J.D. 麦克拉奇

弗兰切斯卡·普雷莫利－德鲁莱尔和我着手合作我们的第一本书《文豪之家》[1]之际，我居住在巴黎，我们集结了一长串蜚声国际的二十世纪作家，其故居在我们看来令人浮想联翩。当旺多姆出版社和美国文库请我挖掘探索“美国文豪之家”这一题材，一想到能够将我们第一本书中遗漏在外的许多重要作家都纳入新书，我委实激动不已。

旅途长路漫漫而丰盈人心，尽管有时也叫人望而却步。要让这些故居显得生机盎然，将些许灵气和光感注入其中，帮助读者领略一下这些伟大的作家在挥笔创作文学杰作时其生活可能是什么状态，这样的尝试的确是一项艰巨任务。若你有幸阅读（或重读）他们的话语，像我踏上每一次旅途之前所做的那样，那么 J.D. 麦克拉奇以优美语句娓娓道来的作家生活故事之浓郁丰饶，或许能让你得到更深切的体会。当我竭力用相机去捕捉他们可能看见或感受到的吉光片羽时，我能听见他们的声音回响其间。在此我想感谢一路上帮助过我的所有人：旺多姆出版社的编辑人员，包括马克·马高恩、亚历克斯·格雷戈里、伊莎贝尔·贝内罗和莎拉·戴维斯；本书设计师，任职于 Studio Chine 的马克·沃尔特；“薪火守护者”，包括文豪家族后裔、故居负责人、国家公园管理员、理事会成员，他们总是乐于伸出援手。特别要感谢埃莉诺·布里格斯、莱斯利和安德鲁·科克布恩、布鲁克·亚当斯和莉萨·利伯曼提供舒适住宿；感谢我的丈夫丹尼斯·科洛姆，我在旅途中对他思念不已；最后要感谢我的父母，让我得以在群书环绕的环境下成长。谨以此书献给我的继母苏珊娜·克劳赫斯特·伦纳德——她对于文豪故居的研究和无尽热忱值得称道，献给弗兰切斯卡·普雷莫利－德鲁莱尔——她在最初《文豪之家》的创作过程中妙语如珠，给予我温暖陪伴和鼓励。

——埃丽卡·伦纳德

1 指旺多姆出版社于 1995 年出版的另一本书（*Writers' Houses*）。

CONTENTS

目 录

NOEL SULLIVAN

INTRODUCTION

引言

我本人居住在一个可谓人文昌瑞的村镇。斯托宁顿，位于康涅狄格州，有着悠久的历史。早在 1752 年就有移民定居此地，至今我们还把我们的市长和市政委员叫作镇长和镇议员。这里发生过 1812 年战争中的一场小型战役，但斯托宁顿在其鼎盛时期可是造船、捕猎海豹和捕鱼的一大中心。（在一次勘探新的捕鲸场的航行中，来自斯托宁顿的年轻船长纳撒尼尔·帕尔默发现了南极地区。）在往来于波士顿和纽约之间的直达铁路开通以前，来自北方的列车到了斯托宁顿就停下，乘客们要继续搭船方能前往曼哈顿。如今这里依然是个弹丸之地——半边是捕鱼船队，半边是新英格兰楔形外墙护板——仅仅两条街宽，狭长的花岗岩地块伸进长岛海湾去。有人打趣说，这地方一端是图书馆，另一端是灯塔，令他联想起古代的亚力山大港。不过，乡村生活的安逸日常才是这里的主基调。或许是因为兼具了海滨的传统和如画般的静谧，数十年间引得众多作家源源前来。斯蒂温·文森特·贝内在主街长大（就在画家詹姆斯·阿博特·麦克尼尔·惠斯勒儿时与其母亲所住的房屋），诗人詹姆斯·梅里尔在水街生活了四十年。玛丽·麦卡锡到这里度蜜月，杜鲁门·卡波特到此地避暑。伊丽莎白·鲍恩和三岛由纪夫到这儿过周末。

无一例外，作家故居中的核心之地就是书桌。不管是精雕细刻还是朴实无华，书桌——往往连同其所在的房间——便是自成一体的景致，遥在远方的构思，未及完成的段落抑或是隐约显现的诗节，或许还有边上安然摆放业已出版作品的书架。扉页的对页是亨利·沃兹沃斯·朗费罗还租住在克雷吉之家期间刚开始写作时所用的书桌；第6页是罗宾逊·杰弗斯家中一隅；第7页是赫尔曼·梅尔维尔桌上的样子。上图是纳撒尼尔·霍桑古屋中站着使用的书桌；第11页是尤多拉·韦尔蒂摆满家人照片的长沙发。

同样还有威廉·福克纳、戈尔·维达尔和约翰·厄普代克。作家们被吸引到这个村镇的另一个原因，是有其他作家活跃于此。几年前，我们的图书馆在市镇绿地上举办了一场慈善宴会，招待当地的文学名士。一大帮名人都出席了。和其他专业人士一样，作家喜欢在推杯交盏之际谈谈本行，聊聊八卦。他们乐于有人作伴——但也就是在某些时候而已。他们不那么喜欢却更为需要的其实是独处。

美国向来是一个离群索居者的国家，孤身生活的人单打独斗。桑顿·怀尔德曾说过，美国人胜于他们父辈。正如沃尔特·惠特曼的诗歌所呈现的那样，怀尔德笔下的美国人独自工作。他们精力充沛，富于创造，静不下来，却并不逾矩。他们可靠负责而又超然物外。他们是那种人，任由冷冷的月光一视同仁地落在死尸上和摇篮上、落在苹果上和海洋上。欧洲人向来无法理解为什么我们不留在家族左右，为什么我们要动身前往未知之所，为什么我们将小屋建在池塘边。在一定程度上，我们出生于旧世界拥挤的环境，加之新大陆是那么广阔无垠，这使得我们全都分散开去。我有位忘年好友，前不久刚刚去世，其祖父出生在十八世纪，约翰·亚当斯任总统的年代。我们的历史风起云涌，可短暂得如同一个八度音阶，单单一只手就能伸开来弹奏。大群人口汹涌而至，漫布全境，所有人都竭力书写自己的历史。他们迁移去往莽莽荒野和西部，去往无名的城市寻求机会，去往给出自由许诺的北方，去往大草原上的公地，男男女女都奋力抹掉过去，创造未来。每一天，美国人都重新开始。在这一点上，他们很像作家，每天早晨坐对一张白纸。然而作为他们的精神上的后裔，却罕有作家能像真正的开拓者那般富于冒险精神。作家需要独处，但必须是不受干扰的清静之地——让人栖身其中并步入梦境的庇护之所——一个家。

本书并非讲述作家，或者讲述宅第，或者讲述美国。本书是关于美国作家在何处、为何以及如何打造自己的家——一个居住的地方，固然没错，但最为重要的是，一个工作的地方——在一个如此般躁动、如此般粗犷的国度里。考虑到美国文学作品的广阔范围，一些抉择也就顺理成章了。如今的知名作家经常在家里接受杂志和电视台人物访谈栏目的采访。看来是往回追溯，去寻访我们的文学遗产当初的诞生之处，会更好一点。我们还决定要聚焦于著作本身——其中许多书已成为经典、是我们民族伟业的准绳——切切实实在其中被写出来的居所，我们要去探访《白鲸》《哈克贝里·芬历险记》《八月之光》和《长夜漫漫路迢迢》逐字逐句、逐行逐页写就成文的房间。这些故居往往相当简陋，有时甚至稀奇古怪。美国鲜少为作家提供任何显赫的排场，这正是为什么伊迪丝·华顿位于马萨诸塞州或者马克·吐温位于康涅狄格州的宅邸之奢华尤其惹人注目。多数作家负担不起，但更多人并不欲求华顿的山庄或者吐温定制到细节的内部装修那种富丽堂皇的豪宅，因为房子越大，令人分心的事物就越多。不管怎么说，无论两位作家付出多少代价来建造他们梦之寐之的宅邸，两段故事终究都以悲剧收场。诚然，房屋自有它们本身的故事，无论栖居其中的是何许人也。

家宅总是受之于环境的挟持。战争、破产、意外之财、疾病——事情总是突如其然来，逼迫着变化发生。确实，再一细想，这些故居当中尚有许多得以参观，看来已经可谓万幸。房屋转手易主时，那些新主人往往无意留恋过去。只有那些充满热情的个人——有些是身处政府机构，有些则是内心饱含热忱——他们将这些作家的成果奉若珍宝，而且察觉到对于后世的价值所在，因此帮助将其保留下来。不仅是保全房屋，还保留家的样子。这意味着保持本来的模样或修复到原有的状态，一丝不苟地运用旧时的记载或者老照片，确保样样都分毫不差。通过他们的努力，我们方能体察到这些往往在作品当中寻求彼岸的男女作家的日常生活——他们在哪里饮食、在哪里起居、在哪里散步。当你看着埃丽卡·伦纳德的摄影作品时——比方说，她所拍摄的罗伯特·弗罗斯特位于新罕布什尔州旧农场的门厅——你很难不去想象诗人就要推门进来了。可以感知到作家的存在，这是贯穿全书的一种感觉。毕竟，作家日常的生活方式，是开启其想象世界的关键。

决定聚焦于作家切切实实在其中写作的居宅，这么做意味着不得不略过许多饶有趣味和颇具价值的旧址。举例而言，在全国境内，知名作家的诞生地都受到保护，至少也被标为历史建筑。然而，威拉·凯瑟从未在内布拉斯加州的红云乡写过片语，辛克莱·刘易斯也未曾在明尼苏达州的索克森特写过只字。中西部向来是天才的养育之地，却难得是天才的安家之所。出生在中西部的作家——从威廉·迪安·霍威尔斯到弗·斯科特·菲茨杰拉德——往往一有机会就赶紧往东部去求学、去写作，这一事实意味着我们不得不略过他们不谈。他们写到了回家，但其实是他们去乡已久之后才写的，而我们力求刻画的却是作家写作期间的家是何种模样和何等氛围。另一方面，曾住在我们大城市中的作家也遭遇到另一种力量的影响——比如说城市重建，或者是房地产市场冲击。在城市里，历久经年的房屋被拆除或者再出租：房东和新主人可不会心慈手软。位于布鲁克林的哈特·克莱恩写出长诗《桥》的公寓？拆了。约翰·斯坦贝克成长时所住的地处萨利纳斯的房屋？如今是一家餐馆。他写出《愤怒的葡萄》的蒙特塞雷诺那座楼房？新主人完全不在乎："我之所以买这座房子是因为我中意。他们说这里曾是约翰·斯坦贝克的家，而我说，那又怎样？"当政府不让他对房屋大肆翻新时，他竟让自己当选市政议会成员，以便能废止该市的保护法规。蒙特塞雷诺历史保护委员会的四位委员忍无可忍，愤然辞去职务。从东海岸到西海岸，还有着关于我们文化遗产被买卖、被摧毁、被无视的更为悲伤的故事。令人遗憾的现实使得古建古迹保护主义者的工作显得更为可贵，更加鼓舞人心。他们所拯救和复原的房屋是我们国家档案的重要组成部分，而本书所涉的范围，从加利福尼亚的岩崖一路到路易斯安那的湾区，是我国文学丰富多彩地貌的生动证词。

"家是我们出发的地方。"T.S. 艾略特如是说。不过那是根植于内心、在记忆中不断重塑的家。作家为他们自己及其家人打造新家，无可否认，必定包含了那些往昔的记忆，不过初衷是作为栖身之所更甚于作为念旧由来。房屋是居所，而家是房屋和屋里屋外的一切：是风景和邻居，是孩子们和动物们，是楼梯，是采光，是知识，是爱。古语有云："神叫孤独的有家。"但此话看来似乎亦喜亦忧。一旦涉及将家的一部分划出来留作工作之用时，作家往往颇为挑剔，有时候甚至是神经质。倒不光因为他们囿于习惯，虽说举例看来，海明威会在早晨着手写作前先削好二十支铅笔，马克·吐温会玩上一局台球；更主要是因为写作是一种仪式，要求有特定的规矩。一天中的某段时间，某把椅子，某个品牌的书写用纸和某种类型的钢笔，一支烟斗一杯茶——作家简直就像小狗绕着壁炉前地毯上某个特定的点不停转圈圈，最后转够了才躺下去。既定的仪式确保一种连续性，旨在祈求疲于应对的缪斯女神保佑。然而最重

要的是，他们必须营造出并栖身于必要的独处。到那个份上，作家或许显得自私自利或者倍受纵容，除非大家想起来他或她往往可是家庭收入的来源。直到二十世纪最初几十年为止，几乎每个中产阶级家庭都有用人，尽管那时家里通常有着更多的家庭成员。对于作家而言，结果就是家里不那么清静，但是时间上更为自由。现代作家往往有自己安静的房间，但必须亲手洗拭餐具。现代作家都有卤素灯和电脑，而旧时作家当年有的只不过是摇曳闪烁的烛芯和噼啪作响的鹅毛管笔——哪种情况造成更多的挫败还真不好轻易断言。房间没有暖气，照明不足，空气污浊，楼下还有个号啕大哭的婴儿——处处都潜藏着让人分心的事。这正是那一套确保集中精力的既定仪式预备防范的对象。罗伯特·弗罗斯特喜欢坐在一把木制直背椅上，腿上搁一块木板来写作。还有些作家在床上写作——伊迪丝·华顿是因为偏好，萨拉·奥恩·朱厄特则是因为疾病。不论是床还是椅子，都可谓做梦或大白天神游想入非非的地方——每个作家的书房各有各的排布。不足为奇的是，若用于写作的房间窗外有着迷人的景色，作家——譬如纳撒尼尔·霍桑或者罗宾逊·杰弗斯——便把书桌调转过去对着墙摆放。这么一来，视野变成朝内了。

同样，家频频成为作家写作的主题，也没什么好出乎读者意料的。自打最初之时便是如此：荷马史诗中的奥德修斯受到“乡愁”的驱使，乡愁这个词在英语中已经变得带有感伤色彩，但在古希腊语中乡愁一词较为朴素，意思就是对家的渴望。从哈克芬逃离家到福克纳笔下的主人公们建造他们的宅第，从路易莎·梅·奥尔科特的《小妇人》到罗伯特·弗罗斯特的《家葬》，美国文学一次次回归到家的概念——既让我们魂牵梦萦，又叫我们心生恐惧，既为我们遮风挡雨，又令我们透不过气。在这样的感觉背后，部分原因是在美国生活充满了不确定因素。好好的计划由于天气恶劣或者材料匮乏而遭到挫败。倘若护墙板和土布是惯常的事物，那么正是从日常必需品之中却创造生成了非凡的著作。假如我们留心草蛇灰线，便可能看到作家的房间是如何投射到正在写作的故事当中。例如，在写作《白鲸》期间，梅尔维尔感觉自己的房间变成了船上的房舱。

埃丽卡·伦纳德的摄影作品让我们得以近距离目睹作家的居家状态——他们写作的桌子，他们就寝的床榻，他们踱步的厅堂。她运用自然布光，传达出每一座房屋里生活的真实色调，她对细节的构图和令人难忘的视角巧妙地再现出久远的时光和寂静的片刻。致力于呈现作家居所的图书对读者向来有着强烈的吸引力。例如早在1853年就已出版《美国作家旧居》一书。文本由数人合著，每一章包括一位作家及其居宅的木刻或者版画，加上一张手稿的复制品。书中探访了十七位作家，包括华盛顿·欧文、拉尔夫·沃尔多·爱默生、亨利·沃兹沃斯·朗费罗和纳撒尼尔·霍桑。不过书中也还有詹姆斯·K. 保尔丁、威廉·吉尔摩·西姆斯和C.M. 塞奇威克小姐——这些人的声名并未随着历史的向前推移而继续流传。该书其实隐含沙文主义的意图，而且有着明显的自卑情结。其序言着重提到："我们颇为骄傲地向国人呈现他们所喜爱的作家是多么安居乐业，尽管本土的天才其实遭到了相当程度的忽视。"后来还有本《漫步美国作家故居》，自1896年起连续出版，展现早年间就备受欢迎并且经久不衰的重要国家圣地的游览。此后一直都有这类指南，但以如此精美的照片和全面的解说将作家故居在书中进行呈现则实属首次。

我们尊崇我们的作家，因为正是他们影响并且造就了现在我们每一个人。华盛顿·欧文、路易莎·梅·奥尔科特、亨利·沃兹沃斯·朗费罗激发了我们儿时的想象力。在我们后来的阅读人生中，海明威的主人公们是我们迈入重要阶段的必经仪式。再往后，我们回到早先读过的某些作家——或许是马克·吐温，或许是霍桑——然后不光发现他们书中新的深度，更体验我们自己内心未曾意料到的感受。如今，这些作家在我们的书架上比肩而立。多年来，美国经典文库以其非凡雄心，业已出版了我国文学经典之作的雅致收藏版，集结于此的文豪筑成了我们文学殿堂的基石。同样，历史也常常将他们放在一起。我们的文学史讲述着一连串的交往：华盛顿·欧文鼓励了年轻的亨利·沃兹沃斯·朗费罗，后者在其年老之时，又帮助伊迪丝·华顿出版她的处女作。朗费罗和霍桑在大学时是同班同学。埃德娜·圣文森特·米莱前去加利福利亚的堡垒拜访过罗宾逊·杰弗斯，并且在她位于纽约郊区的家中的阅读椅边一直摆放着一张杰弗斯的照片。威廉·福克纳鼓励了初出茅庐的尤多拉·韦尔蒂，而韦尔蒂又帮助了年轻作家法兰纳里·奥康纳。这样绵长的纽带还在延续。我还是大一新生的时候，参加过法兰纳里·奥康纳的读书会，那是她去世前不足半年。我记得她的双拐收在艳丽的裙下，读书会后我羞涩地走近她，抑制不住内心澎湃，表达了我的仰慕之情。

在本书当中你将看到和阅读到的每座房屋里，都会发生这样的相遇，不管是当面，还是在著作中。遇见其他作家，对他们想象中的诉求进行回应，鼓舞每一位作家。同样，在每座故居中，四周围墙见证了奋斗与成就，它们屹立于今日，提醒我们当年的风风雨雨——我们的历史变成神话，我们的生活变成传说，我们的激情和哀愁变成这些年来告诉我们吾辈之所以是美国人的经典之作。■

果园之家，康科德，马萨诸塞州

路易莎·梅·奥尔科特 1832–1888

在《小妇人》第十三章中，四姐妹和她们忠诚的朋友劳里出去野餐，打算玩一个叫做“空中楼阁”的游戏。每个人轮流列举一个心愿：“空中的楼阁，我们能梦想成真，能住进其中。”乔——路易莎·梅·奥尔科特自己的化身，回答道：“进入我的楼阁之前，我想做出点了不起的事情——在我死后还能让人铭记的英勇事迹或者非凡经历。我还不知道具体是什么，但会时刻留心，打算有朝一日让你们大吃一惊。我想我会写书，通过写作发家致富，而且名扬天下：那么做挺适合我的，所以那就是我最喜欢的梦。”乔并没有发家致富、名扬天下，然而奥尔科特做到了。在她五十五岁去世的时候，作品版税达到了二十万美元——这在当时可是一笔巨款，她写的书卖出了一百万本之多。自从1868年《小妇人》第一部出版以来，《小妇人》及其后续作品都受到了全世界读者的喜爱。

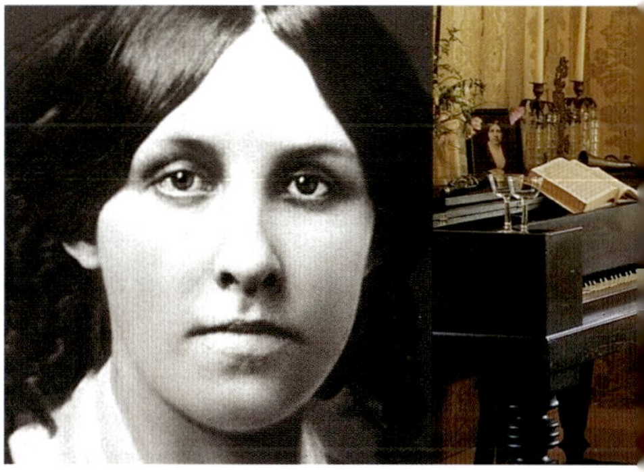

对页：布朗森·奥尔科特为女儿路易莎写作而打造的这张小书桌着实只是简易支撑着的一块圆台板。她的卧室在房屋的前部，书桌两侧的窗户都能望见果园之家的草地乃至下方街道的人来人往。不过她奋笔疾书，很少抬头往外看探。正是在这里，她以一天一个章节这样不可思议的速度写出了《小妇人》。

奥尔科特家的性情可比小说中马奇一家古怪得多。在1857年搬进果园之家前，他们住过的居所多达二十处。一家之主布朗森·奥尔科特（1799–1888）是作家、锐意革新的教育家、超验主义运动的领袖，不过他的思想总是略显太过超前于他的时代，而且他这个人运气欠佳。尽管他人格高尚，目光远大，却相当不切实际，因此他的女儿路易莎曾经

有一次又爱又恼地把他比喻为一个热气球，需要由脚踏实地的女性拉住气球的牵绳。他的妻子艾比·梅对丈夫、对自己在婚姻中所扮演的角色都尽心尽力，但同时也是废奴主义者，是推动女权运动的风云人物，是这个国家最早的女性社会福利工作者之一。他们以与众不同的理想主义方式养育四个女儿，鼓励她们实现独立，保持热忱。责任和自我奉献是他们的为人准则。不过由于她们是女孩子，周遭社会的态度和期许尽管为她们父母所反对、所质疑，可或多或少还是产生了影响。比如艾比就对自己低微的女性地位感到遗憾。其余的所有生灵，

她写道，“都据称是尽善尽美——但这样的祝福并没有降临在她身上——反倒是无言的诅咒——她身上总是莫名其妙地混杂着善与恶，难以言喻，天使与恶魔交替出现——我想上帝对这件手工品有点汗颜，因此对我们不以为意”。不管怎样，虽然不同于寻常人家，但他们无疑是慈爱的父母。一家人终于安定下来住进果园之家，想必也让人觉得颇为宽慰。路易莎在日记中写道：“许多朋友到我们的新家做客。大家看来都很开心，这漂泊游荡的家庭终于扎下根了。”姑娘们儿时曾

对页：果园之家的入口，散步小道的边上种满玉簪属植物，外观持重大方。下面的归档照片约摄于 1865 年，奥尔科特家族成员在屋外，照片清晰展现了奥尔科特已经将其地产上的建筑连接在一起，扩大了主屋的规模。拼接建筑原先的位置依然能在 1857 年亨利・大卫・梭罗为奥尔科特所绘的测勘图上看到。

右图：朴素的康科德哲学学院，1880 年由布朗森・奥尔科特创建，作为第一所成人教育的暑期学校，致力于美国思想的研究。这里开放授课达八年时间，直到布朗森去世，课程吸引了当时一流的知识分子及其学生和仰慕者。

在隔壁山坡之家度过了好一段时光，那里的家庭生活——家务活儿和读书学习，游戏冒险和演出戏剧——奥尔科特都饱含深情地将其再创作进《小妇人》中。路易莎会散步到瓦尔登湖，和亨利・大卫・梭罗一起坐船游玩。拉尔夫・沃尔多・爱默生让她进入他的藏书室，她在里面阅读威廉・华兹华斯和查尔斯・狄更斯的作品。不过家里的经济条件每况愈下；艾比在波士顿谋到一份工作，山坡之家也租了出去。几年后，路易莎和姐姐安娜开始教书贴补家用，路易莎的作品日渐发表。她最早出版的诗《阳光》于 1851 年问世，用的是福洛拉・费尔菲尔德的笔名。三年后，她的第一本书《花的寓言》出版了。然而，此时她妹妹伊丽莎白患了猩红热，家人担心她的健康问题，因此决定搬回康科德去。

1857 年，布朗森以九百四十五美元的价格，从农场主约翰・B. 摩尔手中买下这座两层两进的宅第。房屋就在他五年前卖给纳撒尼尔・霍桑的山坡之家边上，因为处处种着苹果树，他便命名为"果园之家"。一共有九英亩地，一座庄园宅第，一座 L 形的佃户棚屋，后来他把棚屋向前拖滚了二十英尺，和主屋连成一体。奥尔科特夫人觉得这房子"适合养猪"，但她丈夫大张旗鼓地进行了装修改造。他把窗户扩大，围起门廊，加筑带壁柱的烟囱帽和三角墙，然后将整体都刷成棕褐色。因为果园以及房屋摇摇晃晃的状况，路易莎私下把这里叫作"苹果洼地"。不过，尽管她经常前往波士顿，这里却是她长达二十年

之久的家——她有生以来最为长久的安定阶段。正是在果园之家，她回忆过去在山坡之家的生活岁月，写出了《小妇人》。

她在卧室写作。终其一生，她一直想要有自己的房间，倒不那么是为了能够独处，而更是为了放飞想象。一家人搬到果园之家后，她和姐姐安娜共用房屋第一进的卧室，睡的是双人的雪橇式床。1860 年安娜出嫁，这样一来卧室就是路易莎一个人的了。房间里摆满了必需品——装信的天鹅绒袋、针线篮、格子呢针垫、梳妆台和扶手椅，以及装有狄更斯和西戈尼夫人全集的书橱。正如小说中的乔那样，为了赚取稿酬补贴家用，奥尔科特几乎什么都愿意写。她写过内容耸人听闻的惊险小说，用诸如《三次试探》和《波琳的爱与罚》这样的书名。内战期间，她作为志愿者在华盛顿的军队医院里担任护士，并于 1863 年出版了《医院随笔》。包括《小妇人》在内的这些书，都并非在她应允拍摄照片时倚靠的那张精雕细刻的小写字台上写就。那是后来她有钱了才添置

上图：果园之家的客厅。奥尔科特一家热情待客可谓远近闻名，这间客厅正是生动鲜活的佐证。拉尔夫·沃尔多·爱默生的儿子爱德华回忆过一个这样的夜晚："那里有一架钢琴，绝不会因为太高级而舍不得用，梅兴致一起就坐上钢琴凳，大家开始跳起舞来，奥尔科特家妈妈自己也经常跟着我们一起跳……不管出不出声，我们都站在钢琴边唱歌……接下去可能会讲故事，玩游戏或者即兴表演，最后通常是以吃栗子和苹果来结束这个夜晚。"

右上：主卧。一如十九世纪所常见的情况，女主人的品位在这个房间尤其得到彰显。路易莎非常爱戴她的母亲。在母亲去世后，她写道："唯一让我感到欣慰的是，我总算能让她安享晚年，减轻这些年来她勇于背负的重担。她是那么忠贞不渝，那么温柔慈爱，那么真诚如一。生活于她实属艰难，除了她的孩子们，没人了解她不得不承受的一切。"

右下：餐厅，布朗森先生鼓励大家开展热烈对话和辩论的地方。不过他同时也是素食主义者，坚持要家人跟着他吃包括未经筛粉的小麦面包、粗粮和蔬菜水果在内的规定饮食。

下图：梅房间里的绘图桌。

后页：路易莎的卧室。终其一生，她一直想有自己的房间，渴望独处，让丰富的想象得以放飞。

的。在此之前，她都是在她父亲用木板制作而成的书桌上写作，那书桌嵌在两扇窗户之间，面朝道路。那个年代，一些医生警告说"脑力劳动"会危害女性健康，作为一个父亲竟如此鼓励女儿成为作家，这在当时非常罕见。不但布朗森先生自己赞成，路易莎的母亲还送了她写作用的钢笔，伴随这份礼物而来的还有艾比创作的一首诗，开头为"哦，愿这支笔为你唤起灵感／在深藏于纯粹的诗意火焰之时……"路易莎自己对火焰的说法是"旋涡"，在处于旋涡之际，她会一天内写作长达十四小时。写《小

妇人》的过程中，她曾一天就完成一章。她伏案奋笔疾书，最终握在手里的钢笔造成她大拇指严重损伤。不过小说获得了巨大的成功，加上第二年她又出版了续篇，使得她能够为果园之家买入火炉和地毯，并且为家里雇请了帮佣。她还把最小的妹妹梅送往巴黎继续艺术方面的深造。

果园之家里到处可见梅创作的素描和油画。在路易莎卧室的壁炉架上，她画了落在枝头的猫头鹰，墙上还有一幅笔触精细的油画，画的是猫头鹰标本俯瞰着一本翻开的书——梅说猫头鹰让她想起路易莎。据说约翰·罗斯金很欣赏梅为书所作插图的风格，还指出梅是他所认识的对透纳画作临摹得最好的画家。在梅自己的房间里，四周墙上都是素描，包括康科德最受喜爱的画作之一，圭多·雷尼的《曙光女神》。她在楼下的工作室墙上也画素描，她父亲特地为她在那里安装了天窗。梅后来留在

上图：梅卧室里的戏服箱，箱子里存放着四姐妹演戏穿的戏服。梅的画作在整座房子里随处可见，她甚至在其卧室四周墙上也画了素描，通常是临摹自弗拉克斯曼的设计画册。梅和路易莎都同样富于艺术气息，渴望独立。最终梅远赴欧洲求学，嫁给瑞士商人欧内斯特·涅里克，和丈夫定居在巴黎附近，过着她所说的“理想生活——绘画、音乐和爱情……”

对页，上图：布朗森·奥尔科特的书房，这个房间映射出他孜孜提升其国民之道德、知识和精神文化水平的毕生追求。他提出的许多教育理念，尽管在他那个时代常被认为过于激进，但自此以后都被吸收进入学校的课程体系。

左图：路易莎·梅·奥尔科特在卧室中，约1872年。她通过写作赚取足够的钱后，添置了这张写字桌，以取代她父亲为她制作的那张简易书桌。父亲的画像挂在她身后的墙上，书橱里放着从简·奥斯丁和查尔斯·狄更斯到莉迪亚·玛丽亚·蔡尔德和哈丽叶特·比彻·斯托这些她最喜欢的作家的作品。

欧洲，展览画作，1878 年嫁给瑞士商人兼音乐家欧内斯特・涅里克。第二年，她生下女儿，取名为路易莎・梅，昵称露露，女婴才七周大的时候，梅死于脑膜炎。不久，露露就在一位保姆和涅里克之妹的陪伴下，被送到路易莎姨妈那里，由姨妈悉心抚养，直到奥尔科特去世后，露露才回到德国父亲身边。（露露于 1975 年去世，享年 96 岁。）

四姐妹将梅的房间作为在家进行戏剧演出的更衣室之用，即便她们都二十多岁了对演戏也还是乐此不疲。这里有一只戏服箱，里头还有路易莎扮演罗德里戈这个角色的戏服——她在小说中对罗德里戈进行了诙谐有趣的描摹。她们会从后面的楼梯奔进楼下的餐厅，那儿是她们的舞台，一道门帘临时在房间和客厅之间拉起，客厅里坐着看得入迷的观众。二楼有安娜的孩子们用过的面积很小的儿童房、三间客卧和一间主卧。艾比的先祖的画像（包括主持了 1692 年塞勒姆女巫审判的塞缪尔・休厄尔）挂在墙上，房间里放着她的针线篮和《圣经》，绣着飞鹅图案的衬垫从侧桌上垂坠下来。

在楼下没有被用作诸如舞台上的卡斯蒂利亚城堡时，家里的餐厅楼梯侧面靠着一架美式簧风琴以及由布朗森亲手制作的大贮藏柜，里面摆设着艾比带来的嫁妆——梅的家族所拥有的英国科尔波特骨瓷器具。毗连的正厅，作为招待客人的主要场所，有一架查克林钢琴，一张马鬃沙发，沙发上方挂着布朗森的肖像，沙发上放着路易莎的“心情靠枕”，要是心情欠佳就斜靠着放，心情愉快的时候就竖起来摆。厅里设有装饰性的壁龛和窗台座椅，拱形壁炉前面是一块挡火隔板，梅在板上画了威严的摩西像。穿过进门的走廊就到达了布朗森・奥尔科特的书房，里面有写字桌、高脚五斗柜桌、可旋转的阅览架，以及布朗森以旧门板和破簧风琴盖板废物利用手工打造的一个书柜。1874 年有位访客写下：“如果说爱默生的书房永远都是暮色当道，那么奥尔科特的书房则永远都是正午艳阳。”房间里源源发散着上下求索的干劲。他在 1839 年创办了神殿学校，指导原则是“孩童即书本，头脑的运转即是真正的系统”。布朗森担任过康科德主日学校的校长，虽则只有短短的一年；不过他的梦想在 1879 年得到实现，那一年他成立了以柏拉图学派和美国亚里士多德学派运动为原型的哲学学院，旨在哺育超验主义的理想，反对内战以来所察所见的知识上和精神上的匮乏。在果园之家后面，他建立了简易木结构建筑的学校，实际上那是第一所成人教育的暑期学校，对男女都一视同仁开放招生。教室里和操场上都挤满了来听课的人，授课者包括威廉・詹姆斯和朱丽娅・沃德・豪（她要是不唱那首大名鼎鼎的《共和国战歌》，听众就不让她走）。随着 1888 年布朗森的去世，学校也就关停了，但他的精神依然在他果园之家的书房里回荡。书房里矗立着一座布朗森的胸像，胸像出自重要的雕塑家丹尼尔・切斯特・弗伦奇之手，他是梅・奥尔科特的学生，以其陈列在华盛顿林肯纪念堂里的林肯坐像这一作品最为人所知。梅还在壁炉架底下涂写她父亲最爱的箴言，那是出自埃勒里・钱宁的名言：“山坡枉栽，海水空舀／倘若学识的圣坛匮于原野。”

布朗森·奥尔科特身上的奉献精神和顽固特质都传给了女儿路易莎，她伏案写作时，肩头上方就挂着一幅父亲的彩粉画肖像。她原本想把乔塑造成像她这般嫁给文学的老小姐，但忧心忡忡的读者们写来的信件铺天盖地，敦促她把四姐妹都嫁出去。她的出版商也一样。虽然她此前“乐得自顾自划桨行独木舟”，但最终还是把乔嫁给了讨人喜欢的老巴尔教授，他的教育理念和布朗森·奥尔科特如出一辙。在她生命的尽头，尽管处于病痛折磨之下，人又住在疗养院，她却突然动身前去探访不久于世的父亲。她跪在波士顿他的床边，低语道：“父亲，你的路易儿来了。你躺在这儿这么幸福，心里在想什么呢？”布朗森握住她的手说：“我就要上去了。跟我一起吧。”路易莎吻了他，说：“哦，但愿我可以。”而实际上她确实可以。她父亲去世两天后，她也与世长辞。在他们共同的葬礼上，演讲的人颂扬道：“她相当于她超凡脱俗的哲学家父亲的明晰易懂之版本，只是更平添了文学天赋。她以水晶般明净的语言，将这位神秘主义思想家无懈可击的真理转述为大家熟悉的母语。她无疑是广受欢迎的他。”不，她之所以广受欢迎都是源于她自己，因为她在她最出色的著作中讲述了发自内心的真理。■

凯特·肖班之家，克卢捷维尔，路易斯安那州

凯特·肖班 1850–1904

驾车前往克卢捷维尔，从路易斯安那州的亚历山德里亚出发，沿公路向北，经过连绵的小干松林，便到达标示“肖班”的出口。这时候，土地已经都整平成完全适合种植的地形。肖班自打二十世纪五十年代以来就不再有邮局了，如今实在算不上一个城镇。然而路牌却依然标记出这里曾经是一座大型棉花种植园所在的区域，种植园的主人正是凯特·肖班的公公，出生于法国的让·巴普蒂斯特·肖班医生，以其残暴对待种植园奴隶、自己的子女乃至妻子而臭名昭著。据说后来凯特·肖班“骇人听闻”的表现之所以都被她丈夫容忍再三，是因为他一直对自己母亲遭受丈夫多年来的孤立、暴打和胁迫以致过早去逝而心有余悸。让当地人目瞪口呆的是，凯特会当众吸古巴香烟，和男人们打牌，衣着打扮极尽奢华，自顾自走路出门。据称她过马路提起裙子时，有点过于裸露踝关节。倘若这些举止在当时就已让人惊骇，那么事情背后不仅是对令人窒息的社会习俗合情合理的反抗，还有早在肖班之前那些生活被禁锢、悲剧故事不为人知的女人们的屈魂。克卢捷维尔当地人还记得肖班的做派，但世上其他人记得的则是她讲述长沼百姓和克里奥耳文化的著作，其中最知名的当属她的小说《觉醒》，最早对女性内心生活进行戏剧化描述的美国文学作品之一，既复杂难言，又充满对理

对页：肖班之家的前门廊，近似船上甲板的功用，迎住微风。外面的楼梯将楼层相连。在宁静的村镇主街上，门廊是观察人来人往的理想位置——尽管肖班宁可走路和骑行，通常都是孑身独行，使得邻居相当惊骇反感。摇椅也是为了出神遐思之用。她有一首诗这么开始：“一片阳光洒向明朗的一天 / 薄雾缭绕，微雨淅沥。/ 爱的光芒投入生命里 / 既有梦想，也痛感犹在。”
后页：前厅。

解的呼唤。1899 年小说出版之际，即被认作是她所做过的最为可鄙的行径，只因小说讲述了事实，便被宣称是堕落可耻的。

克卢捷维尔因亚历克西·克卢捷而得名，此人在十八世纪七十年代从西班牙转让地那里购得凯恩河地区的广袤地产，与纳基托什镇——1803 年路易斯安那购置中最早的永久定居地——相距三十英里。克卢捷的儿子奥斯卡自 1805 年开始，使用奴隶在面积达两千七百英亩的种植园上建造房屋，并于 1809 年完工。到 1816 年，他在自家周围兴建起一座城镇，布局街区块段，甚至还建造了法院，以求在教区谋得一席之位。尽管长度只有一个街区，但筑于天然堤岸之上的克卢捷维尔却是个繁荣的小镇。河上的交通运输持续不断（蒸汽机船到 1907 年为止一直都塞满了凯恩河，凯恩河是红河的支流），棉花、山核桃、大米和小龙虾等季节性收成保持稳定的运送路线。当地居民会坐船上新奥尔良去——一趟需花费三天的航程——每年去待上几个星期，到时兴的商店采办物品。不过克卢捷维尔本身也有些商店，一共七家，生意兴隆。尽管如此，克卢捷追求繁荣昌盛的梦想在路易斯安那州议会拒绝颁发他所渴求的

左上：约莫 1900 年的照片，展示当时租住房屋的奶农卡文一家。可以清楚地看到，房屋原先的正面带有独座楼梯。
右上：肖班的一条裙子。

右图：客卧，毗邻主卧。凯特的母亲伊丽莎·奥弗莱厄蒂从圣路易斯来看望他们，要多待一阵时就住在这个房间。伊丽莎在凯特分娩期间过来帮忙，还照料大一些的孩子们。1885年母亲去世，凯特遭到沉重打击，于是重拾笔杆写作，帮助自己走出悲痛。钱也是个因素：伊丽莎的财产大多已被一个深受信赖的家庭朋友骗走。

下图：约1877年，肖班和四个儿子，弗雷德里克、乔治、让和奥斯卡。这是唯一一张显示她佩戴十字架的照片。她算不上多么虔诚，却被要求遵照社会的期待行事。

自治市镇特许状之后渐渐破灭，他于1822年将小镇以及房屋卖给他的姻亲兄弟。到1879年凯特·肖班及其家人搬过去时，小镇越发衰败。他们从新奥尔良搬迁出来实属不得已而为之，因为奥斯卡·肖班的棉花厂生意失败，他们不能再那么大手大脚过日子。他在法院拍卖中购入克卢捷的老房子，不久以后又买下隔壁的杂货铺，一直经营到几年后他去世。

房屋是那个年代典型的路易斯安那克里奥耳的建筑结构，即所谓的“架高别墅”。第一层以自制的砖块建成，第二层由木质方形螺钉连接的柏树心筑就。内墙材料为“布希亚日”，混合了泥土和松萝，再加上动物毛发以防虫除豸。房屋前部是一段宽大的通往二楼柱廊的木制楼梯，家庭成员都住在二楼。所有房间都朝向柱廊或者阳台，环绕分布在房屋四周，没有窗户也没有门，只有木百叶窗，这样保证冷空气的流动绝对不受到影响（此外，人们认为这样还能使得“有害空气”——当时被视作是导致凶险的黄热病疫情的主因——滞留在地面附近）。底楼有两处壁炉，二楼也有两处，楼下其实就是处于地面位置的地下室，地板肮脏不堪。作为孩子们玩闹和准备餐食或者洗

涤衣物的地方，底楼主要用于储藏燃煤和口粮。后部的门廊有个“摇摆位”，从上面柱廊挂下来一只棉织小吊床，用来轻轻地摇晃婴儿。房屋不远处是厨房和马厩，再出去就是遍布着成片阔叶树、枫香树和朴树的八十英亩地产。

在一家人居住的楼上，位于前廊的是招待客人的正厅。正厅铺设硬松木地板和柏木壁炉饰面，使得这个不太常用的房间看起来颇为朴素端庄。厅里有一架普莱埃尔钢琴，还有一些精美的装饰品。正厅后面是餐厅，用人们把餐食从厨房端上楼放进餐厅。家里有六个孩子，肖班的日子想必过得忙碌又喧闹，一家人每天三餐都要在餐厅齐聚。在那个年代，往往亦是克里奥耳文化使然，主卧不仅限于父母起居，而是近乎于家庭娱乐室，在这里进行家庭活动，教育或者照料孩子，甚至还在这里给孩子洗澡。主卧后面是客卧，凯特的母亲伊丽莎从圣路易斯前来做客时就常住这个房间。再往后是睡廊，现在已经围起来了，肖班的儿子们就睡在那里。

1928 年，克卢捷维尔学校图书馆里肖班的作品都消失了。之前有好事者在书上做了注解，将她所塑造的角色原型的真实

上图：主卧。除了在这个房间里照料孩子，肖班还在这里废寝忘食地阅读。她“每天的陪伴”是查尔斯·达尔文、托马斯·哈代和赫伯特·斯宾塞的著作。正如一位朋友后来所写的，“对人类的研究，不管是总体还是个体，总让她乐在其中”。不过她还有时间去打打牌，也常去本地的舞厅跳舞，去演艺船上看演出。

对页：她卧室中的五斗橱。她和丈夫喜欢举办正式宴会，有时候还举办非正式的彻夜歌舞和游戏。凯特喜欢盛装打扮，年轻男子都对她尤为关注。《觉醒》的女主人公同样也喜欢盛装打扮，并且想入非非：使得她“思来想去，难以名状的痛苦压垮了她，在午夜时分放任自己哭泣”。

马克·吐温之家，哈特福德，康涅狄格州

塞缪尔·L. 克莱门斯（马克·吐温） 1835–1910

“我可不是（随随便便）哪个美国人，”马克·吐温有一次特别指出，“我是（独一无二的）那个美国人。”世人都认同他这一说法。他曾被冠为“这个星球上最引人注目的人物”。作为小说家和幽默大师，马克·吐温可谓享誉世界，他那蓬松的头发、八字胡和白西服简直无人不晓。不过他之所以是独一无二的那个美国人，其实还有一个重要原因，那就是欧内斯特·海明威所说的，马克·吐温是“美国小说的源头”。他对美国方言的掌握和对本土思潮的领会无可匹敌，据称小说一经他的印记加盖，美国小说家们再也无需模仿欧洲。仅以他的《哈克贝里·芬历险记》为例——海明威断言该书是“我们有史以来最优秀的作品”——以其至今仍备受争议的方式，深入挖掘我们民族文化的黑暗内心。哈克和吉姆，一个逃离文明，另一个逃离奴役，他们的故事引人入胜地讲述了——用马克·吐温自己的话来说——“正常的心灵和畸形的道德相互碰撞乃至道德遭到毁灭”这其中的来龙去脉。哈克是如何先学会认可吉姆的人性而后再学会去爱，这是一个美国道德故事。故事的高潮发生在哈克写信给吉姆的主人、告诉她吉姆在哪里，然后开始回想他和吉姆一起度过的日子之后。“白天黑夜，有时候在月光下，有时候在暴风雨中，我们一边向前漂流，一边谈笑歌唱。但不知道什么缘故，我

对页：客厅的场景，这里装饰厚重，主要是他妻子的领地。他自己的风格更散漫一些。1875 年，他对哈特福德英文拼写大赛上的人群发表演讲说：“依我看，使用专断统一的拼写没什么用。那样我们索性也规定大家穿一样的衣服、做一样的饭菜好了。千篇一律太无聊了，变化多样才有趣。有个跟我通信往来的朋友，他总是用大写的 K 拼写奶牛这个词。现在看这跟用小写字母拼写差不多，但我觉得反倒更好呢，给想象以更广大的天地，更宽阔的领域。让人联想是一种新品种的牛，体型巨大，轮廓模糊，又让人印象深刻。

左图：吐温和妻子以及克拉拉、琼、苏珊三个女儿在哈特福德家的门廊，约 1884 年。

对页，上图：位于法明顿大街上的家。1886 年，他写信给哈特福德燃气和电力公司，投诉说："我们整条街上的灯光就对两个地方还有点价值，好巧不巧，你们的测量和对间隔的安排都别出心裁得很，唯独让那两个地方都是前后几百米伸手不见五指——带上你们的灯，到——嗯，用不着操心，不需要我来说出具体的位置。如果你们搞不清自己所处的位置，就祈求老天帮忙吧。"

对页，下图：门厅，空间开阔，装饰繁复。

好像对他愣是硬不起心肠，就是想对他好。"哈克拿起他写的信，"我全身直发颤，因为必须在两者之间做出决定，不能反悔，我心里清楚得很。我又平心静气地琢磨了一会儿，然后对自己说'那好吧，下地狱就下地狱吧'，再把信撕得粉碎。"

在密苏里州的汉尼拔度过孩提时代，听着那些奴隶的故事、边疆的趣闻和河上的传说，吐温的天赋得到了源源不断的滋养和延续。他原名塞缪尔·朗赫恩·克莱门斯（他这一辈子朋友们都叫他"山姆"，妻子则管他叫"年轻人"），年纪轻轻开始写作后，用起"马克·吐温（Mark Twain）"这个笔名，这是为了纪念他在蒸汽机船上作为学徒领航的那些时日。（测深员会把打结的绳索投向舷外来测量河流的深度，朝舵手喊"半英寻"或"一英寻"或"两英寻（mark twain）"，两英寻意为十二英尺，或者安全的水域。）他十四岁就离开了学校，但坚信自己以后想成为作家，第二年就已经在报社打工。到了十七岁，他出去到处旅行看世界。1862 年他在内华达州找到一份记者的差事，在当地妓院和监狱四下窥探之际，开始为报社写些虚构的札记，其中一则短篇小说《卡城名蛙》在全国范围内再三加印，便由此步上了文学之路。他依然到处漂泊——尼加拉瓜、旧金山、檀香山、雅典、埃及。他发回的报道广受好评，还出了一本短篇小说集，写作生涯就此开启。不过到三十二岁这一年，他开始考虑要安定下来了。他有本新书已经脱稿但尚未付印，一位住在纽约州埃尔迈拉的朋友把他介绍给了其妹妹奥利维亚。一见到奥利维亚，吐温就当即认定她是"全世界最美好、最通情达理的姑娘"。然而直到他搬到康涅狄格州的哈特福德之后，他漂泊不定的日子看来才算终于结束。

马克·吐温初次造访哈特福德是在 1868 年。他前来拜会他的出版商伊莱沙·布利斯，

探讨即将出版的新书——后来一炮而红的《傻子出国记》。“在我生平有幸目睹过的那么多美丽的小镇之中，”他写道，“这里算得上是数一数二的。”事实上，吐温搬过来的时候，哈特福德是全美按人均计算最富裕的城市，是制造业、出版业和发明创造的繁忙中心。在写下哈特福德安居乐业生活的当月，他向奥利维亚·兰登求婚，这位秀美的姑娘让他的人生稳步前行，成为他灵感的源泉、最亲近的读者和心爱的伴侣。在利维和哈特福德的共同影响下，吐温安顿了下来，度过一生中最幸福的岁月。

初次造访哈特福德期间，他借宿伊莎贝拉·比彻·胡克家，伊莎贝拉是大名鼎鼎的比彻三姐妹中最小的妹妹（凯瑟琳·比彻是争取妇女选举权的知名社会运动家，哈丽叶特·比彻·斯托的作品《汤姆叔叔的小屋》使得林肯在会见她时发出感叹：“引发这场大战的书，原来出自你这个小妇人之手呢。”）。吐温的新婚妻子在此地也有相识的朋友，而她父亲和她最好朋友相继辞世进一步促使他们离开原本的居住地布法罗，到这里重新开始。1871 年，他们租下胡克家的房子，就在哈特福德市中心以西大约一英里的区域，以“幽深农场”之名为人们所知的这片聚居地已经有好些颇具声名的知识分子在

左上：餐厅。女管家凯蒂·利里回忆这里举办聚会时的情景："当然，我们先上例汤，然后是牛肉或鸭肉，再接着就是喝红酒，吸雪茄。我们喝雪利酒、波尔多红酒、还有香槟吧——再有什么？哦，对了，我们总是喝薄荷甜酒，吃得最多的是俄式奶油布丁。我们有时候吃涅式布丁，讲究的正式宴会多数是吃冰激凌。从来都不是一般的冰激凌——我们一向都把冰激凌做成美妙的形状，比如花朵或者小天使，小小的可人儿——哦，什么都好！"

左下：为了有较好的私密性——不管是客人还是克莱门斯一家——客房设在一楼。

对页：《卖花女》，鲁道夫·爱普1880年的油画，挂在餐厅。

后页：藏书室尽头的半圆形暖房。有时候，他们就在藏书室这里上演根据《王子与贫儿》改编的戏剧，暖房则当作宫廷花园。孩子们都热衷演戏，女管家凯蒂·利里后来回忆说："他们乐在其中，我们也都看得很开心，特别是克莱门斯先生，他演得最好——依我看真没有谁家能比他们家这些年更欢乐的了。"

此安家落户。不久，他们买下一块地，在上面建造起他们自己的家。（房子实际上是利维付的款，从她所获得的遗产中出资）。这块土地树木繁盛，可以俯瞰帕克河的一处河曲。他们聘请来自纽约的当红建筑师爱德华·塔克曼·波特，根据他们的想法进行绘图设计。1874年9月，他们搬进新居——这时候各个方面的状况都已经让人忧心。他们取名叫兰登的长子在两岁时夭折，就在女儿苏珊出生后不过几个星期。此外，建造房子的花费令吐温几近破产，他们初搬进去时，还有一些房间尚未完工。在住过的地方中，吐温最钟爱这座房屋。还有两个女儿

左上：藏书室。
左下和对页：吐温的写字台和心爱的台球桌，位于三楼。当代一家报纸的专题文章这么形容这间房间："马克·吐温的写字台摆放在堆满商业文件的屋子南面一隅。这个角落的墙上是成排的书柜。罗伯特·勃朗宁的《与要人相谈》一书和美国报纸名录并肩排列，旧约评注与红色封面装帧的罗斯金作品比邻而居，显得毫无顾忌。"
对页，下图：和吐温书房里一样的台球桌，不过这是在他后来住的纽约城家中。一位朋友回忆道："他对打台球一向乐此不疲。他可以打上一整晚，玩到最后一个对手精疲力尽败下阵来。到了这时候，他会自个儿继续再撞击那些球。"但他打球是为了转移注意力，帮助自己更聚精会神地写作，把想法和措辞都表达出来。他指出："差不多合适的词和合适的词，两者之间的差别绝对不容忽视——就跟萤火虫和闪电一样天差地别。"

也出生在这儿，分别是克拉拉和琼，房屋至今依然散发着这相亲相爱一家人的温暖，吐温在其中写出了令他声名愈加远扬的作品的阁楼台球室尤其惹人关注。显然，对于这样一个早年生活孤独贫困、在躁动的灵魂驱使下去满世界流浪的人来说，这座房屋满足了他的深层需求。这宅邸使他第一次感到自己功成名就而又脚踏实地。"对我们而言，"他在 1896 年写道，"我们的家宅并非毫无知觉的东西——它有心，有灵魂，有看见我们的眼睛；有赞许，有挂念，有深深的感应；它属于我们，我们受它信任，生活在它的恩典和它所赐予的安宁之中。我们每次回家，无不见到它那熠熠生辉的门楣，受到它热情洋溢的欢迎——每次进门都令我们动容。"然而除了这些赏心乐事，这座房屋后来也是不幸的发生之地，到 1903 年他最终出售房屋时，他已经许久未能踏入这里半步。

看着他这栋房子逐渐建造起来之际，他写信给利维，颇为志满意得："你可以随心所欲，从任意角度观察房屋或地面，一切都是那么赏心悦目。这是一阕清幽安谧、细语咽咽的诗歌，让人心醉，由纯粹的自然元素打造而成。"实际上，正如有人所评论的，房屋看起来像是汽船和布谷鸟自鸣钟的混合物。当时，《哈特福德每日时报》写过这是"整个康州中外表设计得最古怪的住宅建筑，假如算不上全国范围内的话"。波特的木构风格设计将砖块既应用于装饰，又用于结构建造。普通的砖块有时会涂成黑色或鲜红；排列布局往往变化多样，以创造出角度，让质地显现到墙表来。整体表面都是装饰性的木结构，赋予房屋别具一格的传奇式哥特特质，每一处山墙和门廊都不尽相同，每一道栏杆和悬伸壁缘都迥然有异，总体给人留下不规则、不对称的印象。遮阳廊从停车门廊一直延伸到阳台，炎炎夏日的午后一家人可以在下面放松休憩，欣赏他们家的马车房、温室、草地和大树。

既然旨在让来宾对房屋难以忘怀，门厅因此建造得特别让人眼前一亮。吐温聘请联合艺术家事务所负责此项任务，这家室内设计公司在装饰艺术领域的美国文艺复兴运动中可谓名

噪一时。事务所的首席设计师路易斯·康福特·蒂法尼在门厅外观设计上发挥了重要作用。这是个十足的镀金时代，运用起了新手法、新花样，处处可见那种常被吐温嘲弄取笑的生活方式的迹象。但彼时的吐温尚缺乏安全感，活在传奇人物的形象之中，所以如此般自相矛盾也就不足为奇了。黑胡桃木的装饰雕刻由利昂·马科特操刀完成。1881 年，蒂法尼用镂空的墙面和天花板对房间的新都铎式外观进行改造。他的设计图案有时类似美洲印第安人的风格，壁炉两侧是雕花柚木板，上面镶有产自印度艾哈迈达巴德的带孔黄铜嵌板。

来客首先被带往客厅，那是利维的领地。钢琴使人回想起她组织安排的那些独奏会。（吐温自己喜欢在琴上砰砰弹奏古老的黑人灵歌。）有位访客曾形容说，房间“亮闪闪的，不是白色、银色，就是浅蓝色”，前端的大镜子倒映出基里姆地毯和装有衬垫的座椅以及看似是吐温个人偏好的颇为传统的艺术作品。客厅再过去是餐厅，四面墙上包覆以印压着暗红色和金色百合花图案的日本皮革制品，那出自坎达丝·瑟伯·惠勒的设计。上方壁缘的样式是抽象的日本跃鱼主题，镂空天花板上又是另一种日式图案。蒂法尼设计的壁炉样式精巧，由玻璃片铺贴而成。沉甸甸的餐柜是在波士顿特制的，以便贴合浅距壁凹的尺寸。餐柜正对着的餐桌是吐温呼朋引伴让大家围坐在一起的地方，座上宾从威廉·特库姆塞·舍曼将军到演员埃德温·布斯再到探险家亨利·莫顿·斯坦利等，不一而足。在吐温身边，人人都感觉才华对页：客厅。

右下：主卧，雕刻得富丽堂皇的威尼斯床，孩子们小时候喜欢在上面玩。1909年的平安夜，小女儿琼在当天早上突然病逝，吐温在日记里写道："十三年前，我失去了苏珊；五年半以前，我失去了她的母亲——她无人可比的母亲！克拉拉已经住到欧洲了；现在我又失去了琼。我曾经那么富足，现在却这么穷困！琼躺在那里，我坐在这里；我们成了自家屋檐下的陌路人；昨晚我们还在这个门口吻手互道晚安，哪知竟成永别。她躺在那里，我坐在这里——写字，让自己忙不停，免得心碎。周围群山上的阳光多么灿烂夺目，简直就是一种嘲弄。二十四天以前，七十四岁。昨天七十四岁。谁能估算出我今天几岁？"

横溢，尽管他总是大家注意力的焦点，总在晚宴交谈当中构思和修改他的趣闻故事，为巡回演讲做准备。宴会结束后，男宾会离席退到毗连的藏书室及其附属的暖房去，那是吐温自己倍加珍视的房间，因为"色彩柔和，如梦似幻般地宜人，无处不弥漫着平静安宁、心满意足的气息"。正是在这里，他或自己安心阅读，或朗读给坐在膝上的孩子们听。四周摆放着一排雕刻着涡卷装饰的书橱，橱顶堆满各色小古玩。吐温会用这些小玩意儿编故事逗女儿们开心。一座庞大的壁炉架耸立在屋里，那是吐温1874年从苏格兰的艾顿城堡带回家的。（1903年房屋出售时壁炉架已移走，很久以后在谷仓里发现时已被拆卸成块，1958年又放回屋内恢复原状。）安装在壁炉上方的带孔黄铜饰片铭刻着爱默生的名言："为屋添彩者，常客也。"那些待过夜的朋友们被安顿在一楼豪华的客房住，屋里摆放着伊斯特莱克风格的红木床和镶嵌明顿瓷片的带镜衣柜。这样的安排既让客人们有私密的空间，又不打扰楼上的克莱门斯一家。

楼上是女儿们的房间，贴的墙纸是沃尔特·克莱恩绘制的"小青蛙要娶亲"历险故事的插图。她们的玩具娃娃和全套茶具以及所有让人浮现记忆的纤巧摆件都还放在原来的位置上。穿过走廊就到了她们上课的教室，姑娘们和家庭女教师在这里上钢琴课和小提琴课、文学课和历史课、语言课和舞蹈课。主卧有如一座维多利亚时代的池塘，当中漂浮着作家的魔法小岛——1878年他从威尼斯买下后带回国的床，雕刻得美轮美奂。他称之为"有史以来最最舒适的床架，空间之大足以容纳一家人，雕刻的小天使多得——让人安睡，美美入梦"。他觉得那些精雕细琢的小天使实在太可爱了，他和利维会面对着床头睡下，好将它们端详得更加清楚；孩子们喜欢小天使则是因为那都是可拆卸的，可以给它们穿衣打扮当玩具玩。

三楼是吐温的天下。他忠心耿耿的黑人管家乔治·格里芬的房间也在三楼，但整层楼基本都给吐温的书房占据了。书房里贮存的物品或激发他的想象，或令他放松身心又聚精会神——他说他写作向来都是"写一阵歇一阵"。

房间正当中是一张质地上乘的台球桌，在球桌上打的无数局台球或许让他有机会给故事情节来个转折或者继续往下写一段文字。他难得也会带个访客——比如说威廉·迪恩·霍威尔斯或者布雷特·哈特上楼到这里打一局台球。三楼还有个阳台可以挂吊床。有张办公桌用来写信和伏案工作，另外有张写字台对着书柜而非窗户。他会在面前的墙上钉上便条——诸如备忘提醒、大纲、后续要插入的段落，等等。在一顿丰盛早餐之后（比如一整只鸡再加上土豆），早上十一点左右，他就上书房来，整个白天连续工作，一直到吃晚饭，这时他把白天写的内容读给家人听。正是在晚餐时分，他们听着诸如《汤姆·索耶历险记》（1876）、《海外浪游记》（1879）、《王子与贫儿》（1880）、《哈克贝里·芬历险记》（1885）和《康州美国佬大闹亚瑟王朝》（1889）等美国文学经典之作逐一展现在他们面前。或许这个房间最独特的标志是吐温写字台背后那面墙上的两块半透明的大理石板，这是建筑师送给吐温的礼物，上面蚀刻出房屋的完工时间 1874 年和姓氏克莱门斯的大写首字母 C，还绘有作家各色心爱之物——烟斗、酒桶、啤酒杯、香槟瓶、红酒杯、台球杆和台球。

吐温确保房屋装备上了最时新的现代便利设施——防盗铃、煤气照明、中央供暖、通话管和电铃、抽水马桶和热水淋浴，甚至还有一部电话。搬进哈特福德之家十年后，他写道："我都给自己的富足程度吓着了。我似乎随便点什么都能成金。"然而维持整座大宅运转的开销比他预想的还要昂贵。家里有七个用人，还有家庭教师和理发师，利维铺张浪费惯了，每周食品杂货和酒水账单高达一百美元。他们每年的家庭开销保持在三万美元。吐温一心想要宠溺他的爱妻，给孩子们他自己儿时不曾有过的一切。他认定增加他写作收入的最佳方式是投资出版公司和新发明。1884 年，他安排年轻的侄女婿查尔斯·L. 韦伯斯特掌管他的出版企业，公司发行出版的第一本书《哈克贝里·芬历险记》获利甚丰，第二本书《格兰特将军回忆录》也同样大获成功。但这是公司仅有的两个成功案例，最后还是以停业告终。百折不挠的吐温接着又大额投资新式水泵蒸汽机和海上电报。然而他最大的失败是投入每月高达五千美元的资金用于开发佩奇排字机，他以为这种排字机能革新印刷业。发明者坚持改进产品，吐温就一直给予支持，为此还一度额外借款十六万美元。然而什么举措都不见效，债主怨声载道。利维的健康状况岌岌可危，吐温也因患风湿病导致他无法写作。不幸中的万幸是房子在他妻子名下，因此免受他债务带来的惨重损失的拖累。不过，在 1891 年，一家人还是决定搬往欧洲简朴度日，利用吐温在国外的名气帮助他赚取必要的收入用以偿还债务。1895 年吐温六十岁了，举世闻名却已破产。

随着他慢慢东山再起，更让他心碎的事情袭来了。他一向最钟爱的女儿苏珊先行回到美国，在哈特福德访友，还能回家里的旧宅去练练钢琴。她不久便发起烧，被诊断是患了脊膜炎。她神志不清，在屋里四下徘徊，最后双目失明，继而陷入昏迷，在 1896 年 8 月 18 日去世，年仅二十四岁。吐温从此一蹶不振，连续多年不再庆祝任何节日。“上帝赐予你令你爱慕不已的妻子和子女，”他在一篇文章中写道，“只是，他强加给他们苦难，透过这样的景象，他会将你怦怦跳动的心脏从你胸口挖出，以此扇你一耳光——他再也伤害不了我了。”然而他还是伤害到了。吐温最终回到美国，但无论是他自己还是他妻子都无法再踏入哈特福德之家一步。1900 年在一次旅途中他曾路过，却无法走进家门。“我意识到，假如再次住进那房子，我们都会心碎。”他们终究在 1903 年将房屋出售。那时候，这片地区已经不合潮流，地产只拿到两万八千美元的回报，仅为原本造价的四分之一。第二年，他心爱的妻子去世，吐温仅存的女儿克拉拉和琼尽量照顾他。不过性情善变的克拉拉喜怒无常、刚愎自用，琼最终也不得不被送入疗养院。他一直有个秘而不宣的认识：“幽默本身的秘密源泉，”他写道，“并非喜悦，而是悲伤。天堂里没有幽默。”然而现在悲伤似乎压垮了他，1909 年二十九岁的琼在圣诞前夜心脏病发去世，他写信给一位朋友：“我的自传到此为止。我再也不写了。”他这个人，迷醉了千百万的人，其家庭和宅邸曾是无穷欢乐的源泉，到头来却只能想：

> 没有上帝，没有宇宙；——
> 唯有四方空空如也，在其间迷途、
> 无家可归、四处游荡又
> 孑然一身、坚不可摧的思想。
> 而——我就是那思想。上帝、
> 宇宙、时间、生命、
> 死亡、喜悦与哀伤
> 还有痛苦，都只不过是一场荒唐无情梦，
> 从那狂暴的想象
> 和荒谬的思想中生发而出。

他仅有的安宁最终到来了。1910 年他与世长辞，数千人到纽约城的长老会教堂来向他的灵柩吊唁。其中就有牧师约瑟夫·特威彻尔，他是吐温的密友，曾为吐温和利维证婚，也主持了吐温妻子和孩子们的葬礼。“我对着这张熟悉的脸庞看了片刻，”他叙述说，“那样充满坚忍，我常在那张脸上所看到的忍耐：似有困惑，默默无言的至高尊严，对天性顺其自然，化严肃悲剧为大笑，愚者以为那大笑就是他的全部，其实不然。爱默生、朗费罗、洛威尔、霍姆斯——他们几位我都认识，还有我国所有那些先贤、诗人、预言家、评论家和幽默作家；他们彼此相像，和别的文学家并无二致；但克莱门斯却是独一无二、无可比拟的，他是我们文学领域的林肯。”

狄金森之家，阿默斯特，马萨诸塞州

艾米莉·狄金森 1830–1886

那时候，搬到阿默斯特的人不日就会听闻家住主街的那个女人，一位以其乖张怪僻而众所周知的隐士，当地无人不晓的“传奇”。艾米莉·狄金森在世时之所以出名，并非因其诗作（她生前只发表了十首诗，均为匿名发表），而是因其古怪行径。她是斑驳月光下温柔的老小姐，是拿细绳将姜饼从卧室窗口垂吊下去给邻里孩童解馋的白衣女巫。城里居民对于那间卧室内还发生了什么事情一无所知：在卧室角落的那张小写字台上，狄金森写出了美国人未曾料想到的神秘诗作。她与沃尔特·惠特曼一道，作为美国诗歌的两大先驱经久不衰，美国诗歌悉数脱胎于他热烈而又庞杂的想象和她对怀疑的醉心赞歌。惠特曼极力张扬以求自己声名远扬——让人给他拍了大量宣传照。至于艾米莉·狄金森，我们仅有一张达盖尔银版法照片，那是在她年仅十六岁时由一位巡回摄影师所拍摄。

对于她种种未知的空白，使得各种歪曲传闻层出不穷。她去世后，在她第一部诗作结集成书出版之际，她被描绘成一个好奇的娇

对页：狄金森卧室的写字台。她的卧室在前部，可以向外看往街道，但她甚少出门，最终情愿待在房间里。她的写作频度不易断言，但看来似乎曾经有过几次潮涌，隔几年出现喷薄而发的诗作。其中最惊人的属1862至1863年，创作数量高达数百篇。

上图：狄金森十六岁时由威廉·C.诺思拍摄的达盖尔银版法照片，摄于1847年。这是诗人唯一的一幅证明可信的照片。

左图：阿默斯特主街。左侧的背景是大草地，房子属于狄金森的哥哥奥斯丁，右边就是狄金森家宅。

小姐，其“喷薄的旋律”都给逐针刺绣成了自制的绣花样本。直到1955年，在她辞世七十年后，才出现了涵盖她全部1775首诗歌全面准确的版本，随之而来的是1961年的普及读本、1974年的严肃传记。此后几十年来，她的真实力量终于以近乎出人意料的方式显露于世人面前。狄金森之谜——这下转变成围绕她作为以英语写作的伟大诗人的地位——已经成为一门显学，她的故事被再次书写为包括从流产到同性恋轶闻的荒唐剧情，她在文化中的角色也发生了变化——时而是反战斗士，时而是女权先驱。每一次，她都从传记的一派胡言或者简而化之的分类中翩然溜走。她的一生依然是个谜，端庄的传统守旧与强烈的疏离并存。她的诗依然是个谜，素净如菊又难解如心。

左上：如今花园里的花朵。

左下：约翰·巴切尔德1856年复制的狄金森家宅版画。狄金森儿时的朋友、后来的戈登·L.福特夫人留下关于年轻的艾米莉·狄金森的记述：“我认为友谊建立在趣味相投和对自然和思想之美的共同欣赏之上。她热爱自然的伟大，但对自然的细微末节也都满怀兴趣和喜爱……她了解周遭有关森林的知识，说得出她所到之处每种野兽的出没地和习性或者花园的生长状况。她睁大双眼观看自然景观，竖耳倾听自然的声响。”

1830年12月10日，艾米莉·狄金森出生在祖父塞缪尔·福勒·狄金森于1813年建造的联邦时期风格的砖楼，距离阿默斯特市镇绿地三个街区。迫于财务上蒙受的损失，祖父不得不在1826年将此楼出售，他的儿子爱德华·狄金森及其妻子和三个孩子——奥斯丁、艾米莉和拉维尼娅作为租客住在砖楼东面的那半部分，直到1840年他们才搬往普莱森特北街上的木结构房屋。正是在那里，与如今她长眠的墓地仅一街之隔的地方，诗人度过了她从九岁到二十四岁的成长岁月。1855年，家宅的主人过世，彼时已是国会议员的爱德华·狄金森便将房子买了回来，连同买回的还有十四英亩草地，其中十一英亩在街对面那边，即大家所熟知的“大草地”。原先的屋主曾采用希腊复兴风格扩大房屋的格局，爱德华·狄金森也想要开展他自己的“重大修葺”，当时的潮流是意大利风格，因此增建了玻璃温室和穹顶，门廊顶上加筑了护墙；西面的两处会客室打通连成大客厅，厅里有意大利大理石壁炉，外面是阳台；原本的砖块刷成赭色。一年后，奥斯丁迎娶苏珊·吉尔伯特，爱德华·狄金森为他们在自家

上图：狄金森家宅的前门入口。当她称之为“救命恩人”的文学批评家托马斯·温特沃斯·希金森初次拜访狄金森时，他问她“是否从来没想参加工作，从来不想离开这个地方，从来不想见到任何来客”，她对此的回答是“我从来没有想象过将来我会向那种需求靠近丝毫”。

隔壁建成一座名为“常青树之家”的古典意大利风格别墅，不久便成为阿默斯特知识分子和社会名流的社交中心。

狄金森家宅内部的房间一派宽敞开阔。门窗周围的装饰线条均涂成深褐色——由此室内木质材料便达成统一的颜色，得以更好地映衬花卉图案的墙纸。原先的家具已经所剩无几，多年来大都已经散失到亲友各处。（在拥有狄金森多数手稿的哈佛大学休顿图书馆，那里有一间艾米莉·狄金森之室，房间里保存着家族肖像和钢琴，以及其他一些家具，包括诗人的写字台和卧室五斗橱抽屉，在她过世后，她妹妹就是在那些抽屉里发现了她的多捆诗作。）尽管家里有一位尽职尽责的爱尔兰用人，但艾米莉和拉维尼娅都乐于帮忙操持家务，到花园里劳作。起初她也会去常青树之家拜访哥哥嫂子，不过狄金森在众人面前日渐紧张不安，越来越退缩，最终闭门不出，通常不喜见客。因此，狄金森家宅楼上的房间才最有兴味。狄金森自己的卧室在前部，透过她放在窗台那一盆盆风信子，可以远望一边主街上的铁杉木篱，另一边还可以看到常青树之家，让人不禁联想起一直在楼上俯瞰众生的这个女人。她狭窄的床带有一种禁欲气息，床上铺展着佩斯利涡旋纹花呢披巾，因而别具生机活力。她卧室后面的房间如今则被一样阴森可怖的物事所占据：诗人辞世后，她妹妹将狄金森穿过的一件白色家居裙送给表亲留作纪念；表亲的妹妹又最终把衣服交给阿默斯特历史协会，后者将其留存至今。因为衣服材质纤脆，他们便以针织棉布制作了一件复制品，

左上：诗人的卧室。这个房间之于狄金森，正如瓦尔登湖畔的木屋之于梭罗——庇护她远离尘世俗务，赋予她一双慧眼，使她更专注地研究自然和灵魂。

左下和对页：狄金森家宅的起居室。这个房间舒适亲切的氛围与楼上狄金森卧室的朴素风格形成鲜明对比。

下图：狄金森的一条裙子，一般认为是诗人在十九世纪七十年代末或八十年代初所穿着。她在生命的最后那些年里，只着白衣白裙，随着她愈发闭门不出，裁缝们为她裁衣时只能参照她妹妹拉维尼娅的身材。

左图：狄金森总是在卧室里摆着鲜花和家人照片。

对页，左图：她轻盈笔迹下最负盛名的诗作之一的手稿：

我死时——听到一只苍蝇嗡嗡——
房间里一片寂静
活像暴风雨前——
那种寂静的气氛——

周围的眼睛——泪已哭干——
人们的呼吸快要凝固
等那最后的攻击——看见
国王时——在屋里发出——

我遗赠了我的纪念品——
签字馈赠我的
可以转让的——东西
这时插进来苍蝇一只——

在我与亮光之间——
有蓝色的——磕磕碰碰的嗡嗡声出现
然后窗户消失了——然后
我想看见也看不见——

对页，右图：时年十四岁的诗人的剪影，阿默斯特学院的学生查尔斯·坦普尔于1845年所作。

前摆还缀有珍珠扣（裁缝十二岁的儿子摆好姿势作为制衣时的模特），这件衣服现在装在玻璃橱中，如幽灵一般矗立在宅子里。白裙那么纤小、那么平凡，而她的诗作却又那么庞然、那么惊人。

狄金森在家里三个孩子中排行老二。艾米莉的名字随母亲，母亲性情温和，郁郁寡欢，逆来顺受。她父亲作为一家之主，是超然于她伊甸园之外严厉刻板的上帝，在父亲过世后，狄金森曾写道："他的心纯洁而可怕。[1]"的确，她孑然一身，她的人间天堂就是语言。"我的词典——是我唯一的伴侣。"她后来这么写。她有一封信，布满了她标志性的破折号，信里回忆说："母亲对思想没兴趣——父亲总是埋头于他的案件——所以就不管我们的行为——他给我买了不少书——可又要求我不要读，因为他怕它们把我的思想搅糊涂。除了我以外——他们都信教——每天清晨对一片晦暗讲话——他们称之为他们的'父'。"她受到的教育堪称一流——严格学习数学、科学、哲学、音乐和逻辑学——但首要的是宗教学。尽管阿默斯特是个学院所在的城镇，却是坚定虔诚的清教社会。空气中响彻死亡和救赎的主题；日常活动都是灵魂状态的象征，世界无非是待求解析上帝旨意的文本。复兴宗教的浪潮定期席卷全城。作为年轻女子，狄金森既渴求又抗拒那时常折磨人的皈依召唤。"基督召唤所有人到这里，"她1850年写信给朋友时说，"我所有同伴都响应了……而我独自站在这儿抵抗着，越来越不

1 本章所引诗句和信件均为蒲隆译。

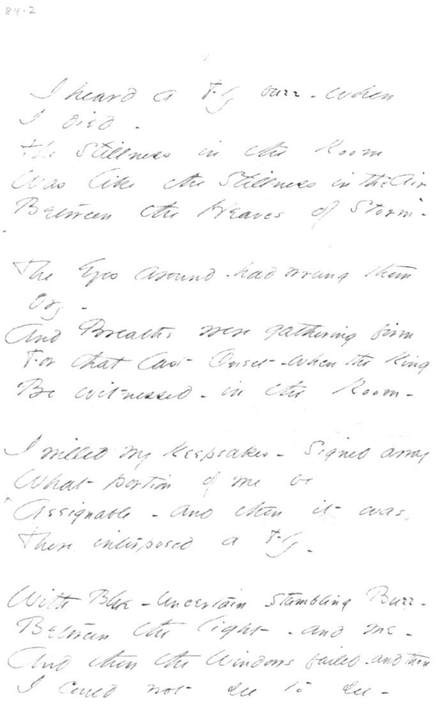
84-2

I heard a Fly buzz – when
I died –
The Stillness in the Room
Was like the Stillness in the Air
Between the Heaves of Storm –

The Eyes around had wrung them
dry –
And Breaths were gathering firm
For that last Onset – when the King
Be witnessed – in the Room –

I willed my Keepsakes – Signed away
What portion of me be
Assignable – and then it was
There interposed a Fly –

With Blue – uncertain stumbling Buzz –
Between the light – and me –
And then the Windows failed – and then
I could not see to see –

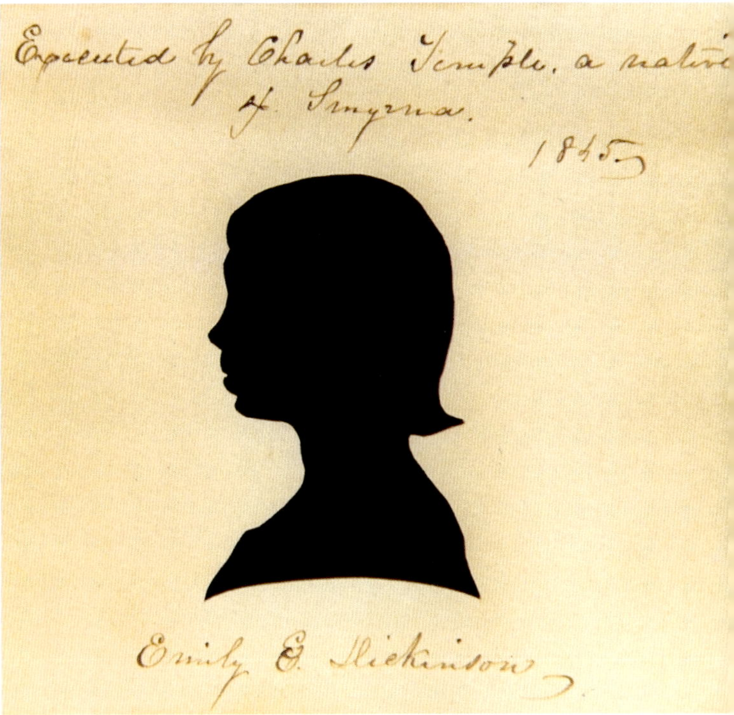

在乎。”在霍利约克山女子学院，她被归到无可救药的那群人，她决心保持自己的身份，开启自己的智性。“岸边更安全，”二十岁时她写道，“但我喜欢与大海搏斗——我可以在这宜人的海水里清点痛苦的残骸，倾听沙沙作响的海风，哦，我爱危险！”

她阅读父亲藏书室里的书，珍惜一连串让她激情澎湃、令她牵肠挂肚的友谊，看着她的朋友们逐一结婚或者早逝。“分离是我们对天堂的全不认识，”她这首冷峻的名诗如是说，“也是我们对地狱的一切需求。”面对作为女儿需要担负起的照顾母亲的责任，但同时也出于对挖掘天赋而言必不可少的归隐进行的主动选择，她退居到家中这方语汇的天地。“因为我无法言说，”她曾写过，“我将其铭刻在诗句里。”辞藻成为她掌握自己命运的源泉、她对自己的认识、她同信仰的恶魔或独处的欣喜若狂相互搏斗的手段、她保存分析所察所知的方法。“有时候我写骨头，”她曾谈论到语汇，“看着他的轮廓，直至他闪闪发亮得令蓝宝石都黯然失色。”但自打一开始，她就意识到这一珍宝有着锐利的锋刃，她可以用“辞藻如同刀片……如每一把剔光一条神经 / 或者把一根骨头把玩”。珍宝和刀片都见诸她的诗作所投下的那“一股斜光”中，借此方式，她为自己寻得高于任何召唤的使命，找到使她实现不朽的启示：

为了这——被接受的生气——
通过它——与死亡决一高低——
那家伙碰不了这顶王冠——

凭借它——我取得了资质——
啊，多么堂皇的目的
对于我的需要——已把腰弯！

她确切何时以及为何缘故开始写诗，恐怕难以说清，这一点与任何一位诗人无异。十九世纪五十年代末，她誊写她的诗稿，装订成叫做“法西可”的小册子——四到五张书写纸经对折和穿线装订而成。在她的五斗橱里发现了近五十份这样的小册子。到她人生的最后二十年，她就写得很少了。创作的高产期在1862年至1863年，她写出了数百首诗，其中不乏她最伟大的作品。有些评论家认为是由于精神危机，另一些人则认为是自信满满使然。事实上，正是在这一时期，她意识到自己的能力却对前景没有把握，因而向人寻求帮助。1862年4月，她在《大西洋月刊》上读到一篇题为《致青年投稿人的信》的文章，在这篇颇有共鸣的文章鼓舞下，她给文章作者托马斯·温特沃斯·希金森这位评论家寄去四首诗，还写了一封信请他指教：“我的诗是否活着？”他的回信恭敬有礼，但评价这些诗“不适合发表”。她回信感谢他：“手术——不像我想的那么痛。”并又附上三首诗。希金森再次犹豫了，认为这几首诗“可圈可点，尽管奇怪”。狄金森的反应有点傲然讥讽的意思：“如果名誉属于我，我逃也逃不脱——如果不归我，我一天到晚穷追不舍也无所获——我的狗也不会赞同……你认为我的步态‘紊乱’——我是遇到了危险——先生——”一个月后，她写给他的第四封信，对于她勃勃雄心的宣言更为大胆：“或许你要见笑。我不会因此却步——我的事业是周缘——一种愚昧无知，不是不明习俗，可是如果被黎明碰见——或被夕阳发现——我就是美人中唯一的袋鼠。”以“周缘”这个词，狄金森意指她将自己放在事物的边缘，以上帝的视野，回顾尘世生活，外探宇宙奥妙。

“什么出现／自行调整顺应午夜”，有一首诗如斯断言。上帝从人间的撤离——“如此重大，难以设想”——是她恒久不渝的主题：

许多姿态，从讲坛——
滚来雄壮的哈利路亚欢呼声——
麻醉剂止不住
咬啮灵魂的牙疼——

她既不愿怀疑上帝存在的原则，与此同时又急于动摇关于天父及其“假定的大厦”那些自得或压迫的神话。尽管她以自然主义者的眼光来写新英格兰地区的风景——窗外的苹果树枝桠，忙于采蜜的蜜蜂，日间播种和季节收获——她对待自然正如她对待上帝那样，将其作为自我的隐喻。她的诗以永无休止的道德观察，一再凝思的是灵魂的深渊，是人类孤独的体验，是在此人世间“在地无家可归”的岌岌可危的脆弱自我。

当希金森——她曾说过因他对她的作品感兴趣而“救了我的命”的这个人——问她要一张她的照片时，狄金森有所顾虑，形容自己“身材小如同鹪鹩，我的头发粗率，如同毛栗的芒刺——我的眼睛像客人剩在杯里的雪利酒”。在对女性妩媚的自我予以消除抹杀之下，伪装掩盖的是诗人无拘无束的自在用意。她闭门不出，身着白衫，宛若以待宇宙将其秘密印记在上的页面。在她葬礼上，希金森端详她，一身白裙，躺在白棺中，惊叹于她“没有一丝灰发或皱纹，美丽的眉宇间全然平静”。不过早年在经过几年通信、他初次登门拜访她之际，他写她“极度的紧张……她完全是个谜一样的人物，我不可能在一个钟头的会见中猜透”。他在给妻子的信中说：“我还从来没有和一个能如此耗费我的精力的人在一起待过。还没有碰到她，她就躲开了。”他在阿默斯特客厅的经历与读者在她诗中的体验如出一辙。她带着那难解的自我之谜躲开了我们，躲开我们往“那条围绕兴许的地产 / 幽光闪闪的边界”去了。■

弗雷德里克·道格拉斯之家，华盛顿特区

弗雷德里克·道格拉斯 1818–1895

早有耳闻，有些时候作家眼前的大事应接不暇，因而无需多加想象。取而代之的是纯粹的关注意识，需要的是见证而非虚构。亚历山大·索尔仁尼琴书写古拉格或者普里莫·莱维叙写集中营都证明了这种目击见证的巨大力量——这股力量在读者的想象里挥之不去，充斥于他们的记忆之中，改变了他们的灵魂。同样还早有耳闻的是，整个非裔美国文学的传统产生自奴隶的叙述——那些关于天谴与救赎、奴役与自由的可怕故事。其中最伟大的当属弗雷德里克·道格拉斯的自传，他所作的见证鼓舞了一代又一代人。不过，在从本杰明·富兰克林到尤里西斯·S. 格兰特再到亨利·亚当斯——大概还包括以《艾丽斯·B. 托克拉斯自传》跻身其中的格特鲁德·斯泰因这一系列美国自传作者当中，道格拉斯亦是占据了举足轻重的地位。

对页：道格拉斯雪松山之家书房内的书桌。逾两千册的藏书就在边上，在他伏案工作之际，那些知识分子名人的肖像和胸像就环绕左右。正是在此地，他写出了两本扩展增补的自传，以及内战后唤醒国民正义感的大量演讲稿和随笔，就像在冲突爆发前他发表的那些反奴隶制演讲塑造了北方人的思想那样。1892 年，他写道："审视我的一生，我不得不说，尽管有黑暗波折的时刻，我遭受了他人无需承受的那些艰难困苦，但我的人生在许多方面都充满了非同寻常的阳光和欢乐。"

或许，正如威拉·凯瑟写的那样，"人类故事就那么两三个，它们总是急遽自我重复，就仿佛从来未曾发生过一样"。道格拉斯的故事同属于成千上万重复衍生出来的故事，然而他雄辩有力地将其变为了他自己独有的。与

此同时，他又感到身陷其中难以自拔。诚如他写给朋友的信中所言，“我再也超越不了弗雷德里克·道格拉斯那个自学成才的逃亡奴隶”。话说回来，他扎扎实实地创造了这一角色，正如梅尔维尔创造了亚哈船长，正如福克纳创造了塞德潘。他是一而再、再而三地塑造了这个角色。1845 年，道格拉斯出版《弗雷德里克·道格拉斯生平：一个美国奴隶的自述》。十年后，他出版《我的奴役生涯和我的自由》。到 1881 年，又推出了《弗雷德里克·道格拉斯的生平和时代》，并且经修改和增补，于 1893 年再次出版。在第一部作品中，他解释之所以写这本书，是因为受到指控说他冒名顶替，“导致我要写下与我受奴役时的经历相关联的重要细节，列举出人名、地点和日期——从而交由任何心存怀疑的人去评判，去查清我作为逃亡奴隶的故事是真是伪”。他很清楚，披露这些实情要冒着失去自由的危险，因为他很有可能被捉拿遣返。其实，该书面世以后不久，他便离开美国到英伦三岛去演讲，在国外期间获悉他的奴隶主扬言一旦他回国就必定要抓住他。（几个月后，他的英国朋友们筹钱赎回了道格拉斯的自由。解放他的代价为 711.66 美元。）不过，他一直回头修改他的自传，起初是增强道德优势，后来又拼接

上图和对页：对于成长在奴隶制下的这样一个人而言，雪松山之家想必象征着时来运转，其开阔空间和雅致环境似乎体现出他童年所见的那巍巍然的主人豪宅的特有理念。1824 年至 1826 年，道格拉斯作为奴隶之子，生活在位于马里兰东岸的怀河边上的劳埃德种植园，他写大宅农场时提及：“在外围农场的奴隶看来，没有什么特别优待能比得上被选到大宅农场去当跑腿的。在他们脑子里，那和伟大高贵联系在一起。”道格拉斯很快就知道，伟大高贵是精神属性，他从未将在雪松山之家获得的安逸享受视作是理所应当的，而是在其中为帮助受压迫的人而孜孜不倦地日夜工作。

上图：餐厅里的这张小桌是道格拉斯妻子海伦用于记录家庭账目和协助丈夫书信往来的地方。海伦·皮茨出生于1838年，毕业于霍利约克山女子学院（艾米莉·狄金森曾是那里的学生）。在十九世纪六十年代，她执教于汉普顿学院，最后受道格拉斯雇用在记录官办公室工作。她一生为妇女权利运动积极奔忙，并在有色孤儿之家担任理事会成员。她因为嫁给非洲裔美国人而遭受批判，但她对道格拉斯和他的事业的奉献毫不动摇。在1903年去世前不久，她以呼应林肯的词句写道："我不希望这被理解为有色运动，这不是有色人种的一场运动，而是民治、民享的一场运动，无论什么肤色。"

上关于他的过去更多的细节，这一事实表明他不只是对史实本身念兹在兹，对于故事的形态与力量也是执着不已。

然而，自打最初开始，他便被迫乔装改扮。他原名弗雷德里克·奥古斯塔斯·华盛顿·贝利，其母为奴隶哈丽雅特·贝利，被迫将他交给亲戚抚养，其父是白人，奴隶间有谣传说正是他的主人。他与骡马、袋装口粮一道，被列入种植园的财产目录。但他少年时就学习读书写字，尽管出于显而易见的原因，奴隶主严令禁止奴隶这么做。奴隶主认为，交流和组织的能力会无可避免地导致叛乱。道格拉斯央求着每个他敢于上前求助的人——心怀同情的女主人、奴隶主的孩子们来教教他。后来在巴尔的摩的码头干活时，他看着木匠们以S或L字母标记木片指派装到船上的应有位置，白人工友教他别的字母，很快他就抄写起了韦伯斯特单词拼写课本。学习的确是一种逃脱，可令人痛苦的个中讽刺是，学习却同样使得他意识到自己的境况有多么悲惨。不过，他仍然用他来之不易的知识，力图教育其他奴隶，后来又组织了辩论协会。然而什么都解除不了奴隶的枷锁，唯有真正的逃亡，1838年他逃往北方。起初他用约翰逊作为姓氏以免遭到追查，但待到这个姓氏看似过于平凡无奇时，他又选用了道格拉斯——沃尔特·司各特爵士的经典史诗《湖上夫人》中一个贵族的姓名，并在末尾额外再加上一个s以显文彩。

在聆听过诸如威廉·劳埃德·加里森等废奴主义者激情澎湃的演讲后，他大受鼓舞，因而发表演说、动笔著述。他走遍新英格兰地区，宣扬反奴思想，不久又到英格兰和爱尔兰开展同样的活动。从更广泛的意义上来说，他为妇女选举权和华人移民发声的作品表明了他是人类自由的拥护者。无怪乎当道格拉斯辞世的消息传到西奥多·罗斯福耳边之际，他赞誉道格拉斯教导了"关于求真、正直、勇敢无畏和为权利而奋斗的宝贵一课，无私无惧地履行民权的宝贵一课"。他一生多舛，生活在国家抗击奴隶制的这一翻天覆地的全息景象之下。他雄辩滔

上图：餐厅内背衬镜子的餐柜，透过镜子可以看到家庭用起居室。

左图：他妻子海伦的卧室。道格拉斯的第一任妻子安娜于1882年因二次中风的并发症去世。他依然忠于对她的回忆，将她的卧室当作纪念圣堂。他的第二任妻子分到的是安娜卧室隔壁的一个新房间。在维多利亚时代，每个家庭成员都有个人的卧室，这不仅是家庭财富的标志，也是礼节规范。

后页：西面起居室，供家庭成员晚上使用，通常这时候社交音乐会有条不紊地进行。

滔的演讲紧紧抓住了每一听众的想象，内战结束后，在重建期间，他同样奋力为正义而战。作为作家和新闻编辑，和作为演说家一样，他孜孜不倦地追求目标。不论遭到打击还是耻笑，他始终坚定不移。然而 1872 年纵火犯烧毁了他位于罗切斯特的家，这时他对家人的安全感到忧虑。是时候到别处安居了。

在此之前两年的 1870 年，道格拉斯已经搬到了华盛顿，经格兰特总统钦点，他在调查研究吞并多米尼加共和国可行性的委员会中担任助理主任。这是他先后担任的一系列政府职位的开端：华盛顿哥伦比亚特区的司法官、哥伦比亚特区的记录官、驻海地总领事。当他决定让妻子和子女随他迁往首府时，他先是买下 A 大街的两座排屋，并将其联结合一。1877 年，他不理会“仅许白人”的合约，斥资六千七百美元买下阿纳科西亚的一处房产连带十英亩地产，彼时那一带还是农田，距离国会山约莫五英里。房屋由约翰·凡·胡克建于十九世纪五十年代末，这位房产开发商当时正为在海军造船厂工作的人建造住宅社区。凡·胡克的房子同时也用作办公室，坐落在一处可以俯瞰整片建筑的山丘之上。但后来工程项目遭到失败，凡·胡克不得不转手出售。对于道格拉斯而言，他自小就一穷二白，常常忍饥挨饿，睡在泥地上，在残酷监工手下忍受毒打和辱骂，这想必已经算是他少年时翘首仰望的“大宅”，只是怪异了些。如今他成了自己真正的主宰。他可以从阳台眺望华盛顿城区，遥看远处的国会山穹顶，还可以内观自己的好运道。这里有家畜，有一座果园，还有一些蔬菜园圃。他和妻子雇用了一名女佣、一位管家和一名司机，外加场地帮佣。他为家宅取名“雪松山之家”，既承应房屋的高旷视野，又承应此处标志性的雪松树，数量之多远超林地上的胡桃树、郁金香和橡树。几年下来，他对地产和房屋都进行了扩建，在原先的砖结构上接装楔形护墙板。在外围附属建筑方面，他也加建了一座小小的石屋，有独立的壁炉、床铺和书桌，用来庇护“道格拉斯郁郁寡欢之时”。

房屋东边的起居室是公开招待客人的房间。访客向管家递上名片，道格拉斯决定是会见客人还是谢绝来访。假如他有闲暇也有意向，便在这里接待来客，房间里的凸窗分布在大理石壁炉和镀金镜子的两侧，墙上道格拉斯的一幅威严肖像和他两任妻子的照片都凝视前方。起居室通往道格拉斯的书房，书房至今仍极具激情洋溢的气息。书架承载着上千册书，在那张卷盖式书桌上，他写下源源不断发表的演说稿，处理浩如烟海的往来信件。同样也正是在这张桌上，他写出了最终版本的自传。此外，边上有一座小火炉，一个书信复写器，以及哲学家的胸像、废奴主义者和争取妇女参政权者的照片——还有一幅桑克的肖像，此人领导了 1839 年的艾米斯塔号暴动。道格拉斯最喜爱的阅读椅对着书桌摆放，那椅子原本专为众议院而定制，是他花费十美元在一家二手店购入的。地上铺着动物皮毛。乐谱架和小提琴盒放在后面，提醒着人们他对音乐的爱好。紧邻的是他收集的手杖。他一根都舍不得用，不过其中最为珍爱的是亚伯拉罕·林肯的牛角柄手杖，林肯夫人在总统遇刺后将它送给了道格拉斯，用以认可道格拉斯对她丈夫所做的一切和他之于她丈夫的重要性。另外一把手杖由取材自约翰·布朗家宅的木料雕刻而成。1859 年，布朗试图争取道格拉斯的帮助，用计攻占哈珀斯费里的军火库，但道格拉斯回绝了，认为该计划注定失败。他始终认为只有靠激情洋溢的雄辩，而非暴力，才能获得胜利，在内战时期令人担忧的解放奴隶问题上，他正是以他的雄辩，推动了迟疑不决的林肯："我们牢狱的铁门半开着。一位来自北方的勇士即将猛烈地将它彻底打开，我们四百万兄弟姐妹将要从中迈步走出，踏上自由。如今，终结几个世纪奴役的这个机会，就交到了你手中……"

跨过门厅，穿过双扇推拉门，便到了留作家庭内部之用的西面的起居室。他最喜欢的乐器小提琴又出现在这里，就挂在一台立式钢琴的上方。室内依照当时的习惯，布置有照片、版画和希腊罗马式的雕像。一把皮质摇椅非常显眼，那是来自海地人民的馈赠；房间一隅搁着一座精雕细刻的布谷鸟自鸣钟，这座钟是他德国仰慕者奥蒂莉亚·阿辛送给他的礼物。作为将他的作品翻译成德语的译者，阿辛全身心奉献给他，1884 年在得知弗雷德里克·道格拉斯已经娶海伦·皮茨为妻之后，阿辛在巴黎自杀。尽管如此，她还是在遗嘱中把她的藏书和信托基金遗赠给他。

楼上，道格拉斯在走廊里摆放着能言善辩的马萨诸塞州已故参议员查尔斯·萨姆纳用过的书桌，走廊两侧几间卧室分别是他和两任妻子的房间。他的第一任妻子安娜·莫瑞，一对奴隶父母约 1813 年所生的自由黑人女性，是位勤杂女工，1837 年道格拉斯遇见了她，并与之坠入情网。她为他生育了五个孩子，但一辈子不识字，对丈夫的事业也不甚感兴趣。随着忙碌的道格拉斯常年在外演说，他们的婚姻关系日渐疏远。然而 1882 年她去世后，他悲痛万分，从此以后就将位于他自己卧室斜对面的她的卧室当作纪念圣堂予以保留。两年后他与他业已认识的一对废奴主义者夫妇之女海伦·皮茨结婚，她用了另外一间卧室作为她自己的房间。由于她是白人，而且年龄和他女儿几近相仿，道格拉斯娶海伦·皮茨为妻一事在当时遭到白人和黑人同样的批评。她的父亲将道格拉斯拒之门外；天天都有措辞恶毒的信件涌来。但这对夫妇不屈不挠，受邀到白宫参加晚宴，一同前往欧洲旅行。他们的婚姻相当幸福美满，在道格拉斯晚年，海伦是他忠贞不渝的真挚伴侣。她执掌管理家事，关心看望孙辈。她卧室中有台打字机，楼下的餐厅小桌是她记录家庭账目、签写支票的地方。1895 年 2 月 20 日晚，他们俩就坐在这餐厅里，厅内的大餐桌可容她主持举办十二人的宴席，餐柜里收藏着他们的瓷质汤碗和银器茶具。那天早先时候，他在全国妇女理事会的一场集会上发表了演讲，是在老朋友苏珊·B. 安东尼的陪伴下走上讲台的。听众中有位英国代表评论道格拉斯"堂堂六英尺伟岸之躯，了不起的脑袋上五官端正宽大，眼神温柔悲悯，皮肤呈橄榄棕色，白发飘逸"。当晚他准备出门去参加另一场集会，还在跟海伦讲那天下午的盛况，模仿演讲者们的

左上：道格拉斯和儿子查尔斯（1844-1920），他鼓励儿子学拉小提琴。尽管他们的父亲声名显赫，但道格拉斯的四个孩子并未有任何建树，虽说十九世纪的种族歧视往往阻碍了哪怕是最具天赋的非洲裔美国人。和儿子一样，道格拉斯自己也拉小提琴，小提琴哀怨的曲调是体己的慰藉。

左下：道格拉斯的帽子放在书桌边的椅子上，边上还有他的小提琴盒和一份乐谱。

对页：雪松山之家装饰的油画和塑像非常丰富，有些是道格拉斯在旅行期间收集而来的纪念品，有些则是朋友们和仰慕者赠送的礼物。

讲话。突然，他觉得身体不舒服，想上楼进自己的房间。他的卧室非常简朴，就一张双人床和一个带镜衣橱。他的衣服和鞋子如今依然摆放在椅子上，地上放着一套哑铃。但那天晚上他没能上楼。他无精打采地坐在过道的地上，与世长辞，时年七十七岁。

“鼓动，再鼓动”一直是他的座右铭。他意识警醒地放眼未来，敦促政治行动，使法律和公民都遵守最高的道德水准。不过他的性格还有另外一面，那就是从不间断地回顾过往的身为文人学士的一面。1877 年，他作为“世上最为知名的黑人”回到马里兰的东海岸，此时与他在此地码头上劳作的日子已相隔了四十年之久。在圣迈克尔，他登门拜访了托马斯·奥尔德——他原先的主人，如今将要不久于人世，此举备受非洲裔美国人批评。“奥尔德老爷。”道格拉斯开场说。“道格拉斯司法官。”奥尔德回

答道，以头衔来称呼他。“不是司法官，而是跟以前一样，就是弗雷德里克。”他们聊了二十分钟。道格拉斯一直在寻找有关他过往的信息。离开之后，道格拉斯意识到：“我们都受到多股力量的裹挟，问都不问我们是否愿意，我们就被抛入生活的洪流，反抗不了也掌控不了。在这一洪流下，他是主人，我是奴隶；而今我们的生活趋向于交汇到某一个点上，差别消失了，甚至由来已久的仇恨都瓦解了，在无穷无尽的明亮光照下，骄傲、激怒和自私的乌云都消散了。”一年后，在对马里兰的又一次造访中，他找到数十年前逮捕过他的那位治安官，设法弄清楚他位于塔卡霍河边的奴隶小屋的确切地点。他抓了一抔土带回雪松山之家。正是这一思想的转变，使得他作为一个作家，一次次回到他的自传中，赋予他的《弗雷德里克·道格拉斯的生平和时代》那种出人意料的直截了当。在此以他描写少年时所

左上：弗雷德里克·道格拉斯的卧室。这个房间之朴素，显明在这里只不过是生活之需，而非享乐之求。道格拉斯总是静不下来，在书房里工作个不停。睡眠和锻炼——他在椅子边（如左下图）放了一对哑铃——使他能够在清醒时间里全身心投入到他所捍卫的事业中去。在他人生后期，他是热忱的演说家。1894 年，他在华盛顿的大都会非洲循道宗圣公会教堂发表他最后的伟大演讲“时间的教训”。

右上：雪松山之家用于接待访客的东面起居室里挂的道格拉斯肖像。

较之于与男性相处，道格拉斯与女性相处时更加轻松自在。他喜欢同女性一道读书讨论，以罕见的热情接纳她们的政治运动。苏珊·B.安东尼是他的老朋友，但有时候他们俩之间也会关系紧张，因为两人都各自为选举权利而投身运动，一个人是为女性奔走，另一个是为非洲裔美国人呐喊。1868年有一次在谢绝出席女性投票权集会而写给集会赞助者的信中，道格拉斯说："依我看，女性投票权和男性投票权一样神圣不可侵犯，不论何时，我都极为乐意举双手赞同这项权利……目前我正全身心致力于一项事业，这事业假如算不上更为神圣，至少肯定更加紧迫，因为关系到这个国家长年受到奴役的人民的生死存亡，这项事业就是黑人女性投票权。"

经历的饥饿的难忘细节为例：

> 我经常给饿得生疼，只好和小狗内普争抢着吃厨房桌上掉落的面包屑。不知道多少回，我急不可耐地紧紧跟随着侍女，等她抖过桌布，好吃到那些掉落下来喂猫猫狗狗的面包屑和碎骨头。要是能拿面包蘸滚煮过肉的汤水，那可就是不得了的优待，陈年腊肉上面剥下的外皮绝对是奢侈得不能再奢侈了。

《弗雷德里克·道格拉斯的生平和时代》一书中鲜明生动的细节和叙述的姿态奠定了该书重要的文学地位。不过，正如历史学家威廉·麦克菲利所指出的，这本书有着更深层次的寓意——奴隶制的史诗不该从国民的记忆中抹去。"白人不想再听到这样的话题；解放奴隶已经处理完了。许多美国黑人对此感到厌倦，他们所作出的反应竟是对他们身为奴隶的过去感到几近惭愧。他的朋友哈丽叶特·比彻·斯托曾以一部讲述奴隶的伟大长篇唤醒了国民，如今他的故事可能让人们注意到那些原先身为奴隶的人并未完全自由的境况。他视自己的人生为再次解放的一个隐喻。"这是今天依然回响在兹的隐喻，是定义了何为勇敢见证的作品。■

爱默生之家，康科德，马萨诸塞州

拉尔夫·沃尔多·爱默生 1803–1882

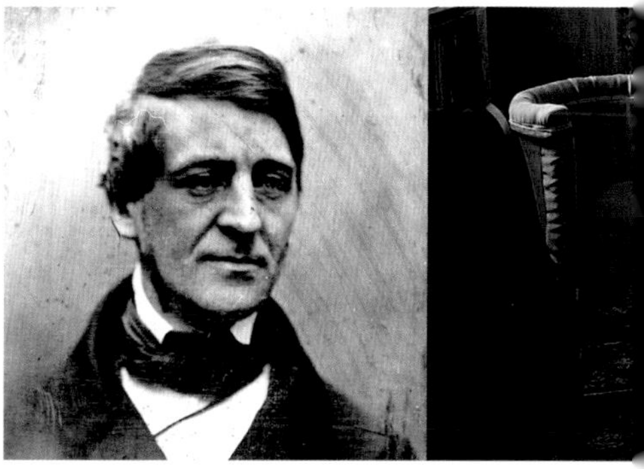

对页：二楼走廊望进伊迪丝的卧室，那是房屋加盖之前原本的主卧。伊迪丝·爱默生（1847–1929）是爱默生的次女，后来嫁给威廉·哈瑟威·福布斯上校，上校在南北战争中表现出众。摇椅原属于她母亲莉迪恩，两只陶瓷花瓶则是1872年从埃及带回来的。放有《圣经》的桌子是埃勒里·钱宁送给伊迪丝的姐姐爱伦的礼物，走廊上挂着马萨诸塞州参议员查尔斯·萨姆纳的肖像画，爱默生的这位朋友是深具影响的废奴主义者。

1775年4月18日，发生了保罗·列维尔载入史册的夜骑驰报。翌日，康科德战役开启美国独立战争的序幕。在康科德河畔的自家窗户边，威廉·爱默生牧师这位爱国传道者听见了火枪声，两周后，他在日记中写道："本月非同寻常，盖因当今时代最轰动大事而起。"六十二年后的1837年，在7月4日这一天，康科德市镇为北桥之战纪念碑揭幕，邀请威廉·爱默生的孙子拉尔夫·沃尔多·爱默生到场为此次活动诵诗。有一段诗节尤其令人难忘：

简陋拱桥下河水流淌，
旗帜迎着四月的微风飘扬，
从戎征战的农夫，
在此打响了声震世界的一枪。

本书之中谈及的作家没有哪位能像爱默生那样，如此典型地体现了美国精神，又如此深刻地影响了历史。我们究竟如何极尽对自身的认识了解——包括我们的愿景、抱负和设想，这一切无不与爱默生对美国人的民族性那深具独特见解的系统阐述息息相关。自立会变为傲慢——爱默生以其鼓励美国人到了岌岌可危的夸张程度而一度遭到批判，因为谈及公民时他说："他就应当完全地拥有自信心，绝不迁就公众

左上：在他生前，爱默生之家被命名为“灌木”。房屋周围有一圈白色围栏，爱默生习惯在回家时把吸了一半的雪茄卡在围栏低处的横档上。除了与康科德的家族渊源，他深受他所谓“三伏天温乎朦胧的乡村日常生活”的吸引。

左下：1879年所摄的爱默生与妻子莉迪恩、他们的子女和孙辈的合照。其子爱德华后来写道，“他通情达理，在孩子们日渐长大时，就放手让他们自主决定跟他们自己相关的重要问题，这一点他们绝对感激不尽；他既不发号施令，也不厉行禁止，只是对我们定下原则、摆出事实，把问题交给我们处理。”

对页，上图：花园里的葡萄藤架。

对页，下图：开阔宽敞的楼下厅堂入口后部，爱默生和客人会把帽子和手杖留在这里。

的喧嚣。他，唯有他自己，了解这个世界。”不过在他这篇著名的1837年演说“美国学者”当中，后面还有着这么几个句子，他用于描述他理想中的美国人，这时候就不可能不认可有这么一个新的民族——特立独行、实干、离群索居、可钦可佩、有独到见解：

> 他应当沉静稳重，超然于世事之上，坚守自己的信念，不断地认真观察，杜绝焦躁，不畏非议，坐守时机——只要他使自己满意，感到今天确有所得，这便很幸福了。每个正确的步骤都导向成功。因为他有可靠的直觉，这促使他与同胞分享自己的思想。随后他发现，当他深入了解自己心灵的隐秘时，他也在发掘所有心灵的秘密。

他在哈佛大学所作的这篇演说——有时也被称为美国“思想上的《独立宣言》”，是为优等生联谊会而讲，就在他为康科德诵诗之后一个月。他已经被誉为“让我们万众一心”的“康科德圣哲”。不过当然了，他一贯秉

左上：客厅。一架查克林立式钢琴靠墙而放，对着厅内的大理石壁炉。房屋里大多数的上乘家具，包括客厅里的沙发，都是莉迪恩从普利茅斯娘家带来的。

左下和对页，上图：爱默生的书房。

对页，下图：1879年奥·H. 福尔瑟姆所摄的书房中的爱默生。他说他正是在书房里听着那些“随着我们步入世界而逐渐模糊不清”的“独处时我们听到的声音”。而爱默生的孩子们对这个房间的回忆则是施了魔法的藏宝地。他们被父亲抱着在书房里四处转悠，听父亲讲那些物品和照片背后的故事，然后拿父亲给的铅笔在信纸背面画画。

持的观点始终认为，我们每一个人都有着独立的思想，每个人都通过自然和社会找到适合自己的方式去认识更高层次的目标。“胜利总是属于这样的人，”他激励他的同胞，“他志存高远，沉着以求。”同样，“全力以赴、行动有方的人收获的智慧最丰厚”。由此说来，将他誉为“美国圣哲”恐怕更为恰当。

他来自英国的一位先人于1635年建立了康科德镇，但爱默生直到1834年才搬往那里。诚然，他此前也经常从波士顿前来看望他的祖母，或许正由于这样，后来被纳撒尼尔·霍桑称之为“古屋”的这座家族老房子，

在他看来，是过去那些年间每逢心烦意乱时的庇护之所。他年轻时当过教师，后来决定追随父辈成为牧师，尽管他对正统的观点其实心存疑虑。他步步升迁，成为州参议院牧师和科顿·马瑟的老教堂的初级牧师，与此同时，他迎娶埃伦·塔克，但婚后仅仅五个月她便死于肺结核，彼时年方十九岁。“愿上帝仁慈待我这个罪人，治愈她的亡故造成的我灵魂上的虚弱。”他写道。每天早上他都到她的墓前，身体状态每况愈下，对宗教的疑虑与日俱增。他认识到“在一个今非昔比的时代，我们还沿袭先辈死板的模

对页，上图：爱默生的卧室，在家里被称作“先知之室”。他的袍子就摊开放在卧榻上，叫作“行乞袋子”，一种中世纪乞丐的斗篷，
对页，下图：爱默生夫妇的卧室，珍珠灰的色调。壁炉左边通往莉迪恩的梳妆室，右边通往爱默生的更衣间。
右图：餐厅，四周墙上挤满了纪念品。不管是与家人还是与客人在一起，他都能将餐桌变成布道坛和讲台，他对想法理念的渴求永无止境。在他年富力强的时候，他做过一个梦：“我梦见自己随性飘浮在浩瀚苍穹当中，看见这个世界也飘浮在不远处，但缩小到只有苹果的大小。一位天使将它抓在手上，交给我说：‘请你务必吃了。’于是我吃掉了世界。”
后页：他女儿爱伦的卧室。

式”，深感必须辞去教职，于是他到欧洲游历，吸收那里的文化，并且拜会了托马斯·卡莱尔、约翰·斯图尔特·穆勒、塞缪尔·泰勒·科尔律治和威廉·华兹华斯。到返回美国之际，他宣布“绝不发表任何不纯粹属于自己原创的演讲、诗歌或书”。也就是在这一时刻，他搬往康科德，开始撰写他的第一部著作《论自然》，开篇就是凝视“父辈的坟墓”，提出占据他思考内核的重要问题：“为什么我们不该同样地保持一种与宇宙的原始联系呢？为什么我们不能拥有一种并非传统的，而是有关洞察力的诗歌与哲学，拥有并非直叙他们的历史，而是对我们富有启示的宗教呢？”

在康科德待了一年之后，他做出两项重要决定。其一是他再婚，新婚妻子是来自马萨诸塞州普利茅斯的莉迪亚·杰克逊，一位充满魅力的女子，比爱默生大一岁，感情丰富，又具有诗人的敏感。（他把她的名字改成了悦耳的莉迪恩，因为担心美国北方方言说起莉迪亚来听着像是莉迪亚尔。）其二是他花费三千五百美元买下一座房子，钱款来自第一任妻子给他留下的部分遗产。他在这座房子里度过了余生。

他的家人管这座房子叫“灌木”，没过多久，这里就成为了一处圣地。1882 年路易莎·梅·奥尔科特回顾往昔时写道：“那条通往他家门的大理石步行小道踏满了世界各地慕名前来的朝圣者的足迹，对他的深切爱戴和敬重吸引着他们到那儿去。在那间远近闻名的书房里，他的市民们有幸见到了我们这个时代了不起的男女才俊，从他们亲切的东道主这里获得了关于真诚谦恭的出色教诲。”爱默生一开始就打定主意，“让大量图书和书信文件以及睿智的朋友们尽可能济济一堂，这么一来，书房就满载智慧”。他起初将母亲和两名女佣安置到这里，还打算待弟弟查尔斯及其未婚妻结婚之后为他们在二楼加建一个套房。然而还没动工，他弟弟

左图：儿童房，屋里放着他儿子爱德华的摇动木马。孩子们的保姆睡在装有脚轮的矮床上。他的两个女儿和儿子沃尔多都在这个房间养育成长。“让自己习惯于将境遇视作多舛，”他告诉听众，“这样的人就脱离了怀疑主义的势力范围。”但当沃尔多在五岁死去时，他遭受了严厉的考验。悲痛不已的爱默生写信给玛格丽特·富勒：“我还会再爱什么吗？”

上图：爱默生和儿子爱德华以及女儿伊迪丝在一起。爱德华后来写道：“他喜欢在高于我们一点点的位置，向我们朗读、背诵诗歌或者散文篇章，周日早上常常带到餐厅一些对于我们而言相当古老的文章，朗读骚塞的《熙德之歌》或者傅华萨的《闻见录》或者伯克的演讲，又或者西德尼·史密斯或者查尔斯·兰姆或者洛威尔的妙趣片段。”

对页：爱伦的卧室。

就死于肺结核，就像此前两年另一个弟弟那般不幸。死神在爱默生家族中如影随形，十九世纪无数家庭亦是如此。或许最为惨痛的骨肉之丧发生于 1842 年，他五岁的儿子沃尔多因患了猩红热而倒下病亡：“昨晚，八点十五分，我的小沃尔多结束了生命。他像只小鸟一般停止了无意识的呼吸。”有时候，如此般痛失骨肉的经历使得我们更加难以理解爱默生那不懈的乐观精神。他所倡导的个人主义和自立作为抗击悲痛的防线看来脆弱不堪。然而在恰如其分地理解之下，他坚持的“无他，唯有你自己能带给你安宁”，呼唤的是对于自身忧思和烦恼的近乎坚忍克己的超脱。他和他同时代的超验主义者都依靠内心的荣光，那是我们每个人与生俱来的永恒之光，使我们能够发现真与美，并赋予我们道德力量以躬身践行。

爱默生在康科德购入的房屋是名叫 J.J. 柯立芝的波士顿商人建于 1828 年的度夏别墅，房屋之大，以“柯立芝城堡”之名而为众人所知。确实，视觉效果非常宽敞开阔，从入门的厅堂和楼梯就可见一斑。想来也怪，主入口进去的两个房间，左边是客房或病时卧室，右边是爱默生的书房，这样一来他便饱受

前门喧闹之苦。客厅在房屋后部，位于主卧的楼下——这一部分区域是爱默生后来所建。他和莉迪恩周日晚上就是在客厅“享受家庭生活”。有时候那架查克林立式钢琴会给人弹奏起来。沙发原本属于莉迪恩的娘家，在边上摆放了几把鸭脚椅、一张居中的桌子，一个放满朋友们赠送的礼物的博古架。朋友们经常送给他们钢质雕刻，因此家里随处可见。客厅里有柯勒乔的《圣母像》和拉斐尔的《女预言家》两幅画作的复制品，沙发上方挂着托马斯·卡莱尔赠送的圭多·雷尼名作《曙光女神》的雕刻画，下面是太阳神阿波罗的铜质圆形浮雕。过道那头挂着爱默生双亲和其子爱德华的照片，如今依然托着他的手杖和帽子的大衣架边上就是餐厅。餐厅里的大理石壁炉矗立在两个陈列瓷器的橱柜之间，上方则挂着拉斐尔的《雅典学派》的雕版印刷画。餐桌和另一端莉迪恩的牌桌似乎泯然于房间四周的墙壁，因为墙上挂满了各色印刷画和照片，包括朱丽亚·玛格丽特·卡梅隆拍摄的广为人知的卡莱尔肖像（来自被拍摄者的礼物），还有几张照片是沙斯塔山和约塞米蒂，爱默生曾游览过那里并与约翰·缪尔会面。每天早上七点，爱默生召集一家人和用人们到餐厅来，读一段《圣经》，然后做祷告。从餐厅可以通到后面的厨房和用人们起居的区域，也可以向前走到门厅尽头的房屋边门，家里人和客人坐马车到达的话就走这个边门。爱默生有顶园丁帽（他热衷给大家吃梨，甚至还把梨放在书桌抽屉催熟）就搁在边门的一个挂衣钉上，在墙纸衬托下显得平淡无奇，家人称墙纸图案为“爱伦小姐的菠萝”以纪念爱默生的长女，尽管那其实是威廉·莫里斯式的蓟草。

纵深的楼梯拾级而上，会经过许多肖像画。楼上左边是他母亲生前居住的房间，后来房间又给了最终操持全家的女儿爱伦使用。走廊对过原本的主卧是他女儿伊迪丝的房间，再过去则是儿童房，孩子们小时候和保姆睡在那里，小儿子爱德华的摇动木马至今仍然守护着旧玩具和小图书。对面就是主卧，主要是莉迪恩的领地。壁炉两侧都是凹进去的壁龛，其中一个壁龛摆放着来自普利茅斯、曾属于莉迪恩家族的高脚五斗橱，令人印象深刻，另一个壁龛里面挂着爱默生最喜爱的两件衣服——他的演讲袍和清早他在依然寒冷的房屋内写作时罩在衣服外面的晨袍。

爱默生日记里，1872 年 7 月 24 日那一页笔触冷静地写着：“房屋失火。”新来的用人在阁楼看探时打翻了煤油灯。爱默生召集家人都撤出，喊邻居来帮忙救火。他们尽力挽救房屋里的东西。十几岁的男孩子们拿浸湿的手帕包在脸上，组成接力队伍，把书籍和文件从书房窗口传送出来。屋顶烧没了，房子没法住，还好多数东西都抢救了下来。然而火灾给爱默生造成了很大冲击，影响到了他的健康。一家人离开美国到欧洲和埃及去待了一年。他们回来时，发现康科德人民已经将房屋修复得无微不至。朋友们和镇上民众陪着他们从火车站回家的这一路上，还有一支铜管乐队为他们演奏《家，甜蜜的家》，等他们到家发现门上还搭建了一个花饰组成的凯旋拱门。

随着时间流逝，他的记忆力逐渐衰退。他记不住朋友们的名字和他写过的书。他坚持演讲，但都是讲过的内容，而且需要在爱伦帮助下才能发表演讲。1875 年以后，他再也无法写日记了。不过他每天都坐在书房里。美国历史上，还几乎没有哪个房间如此重要。他坐在书房当中的圆桌边，和书架一样也曾一度属于莉迪恩家族的这张桌子，他会在为了开抽屉方便时使用。他的文件都存放在一个他同时也用来作记录的皮面装帧卷宗夹里。桌上镶嵌有墨水池，摆放着吸墨台和一个可折叠的小书架。靠墙的书架上，他存放了大约一千两百册藏书，家里其他地方也有许多书；他不打算留存的那些书都赠送给康科德公共图书馆了，他在图书馆新大楼的建设过程中起了推动作用。墙纸为米色底上绣金，带有铃兰图案，他女儿觉得这一图案让他联想到谦逊；地上全都铺设布鲁塞尔织制的带有玫瑰和雏菊的红毯。壁炉上是弗郎切斯科·萨尔维亚蒂的油画《命运三女神》的复制品，他在佛罗伦萨的皮蒂宫初次见到这幅作品就大为欣赏。（当时这件作品被认为是由米开朗琪罗所绘。）书房里还有风弦琴，墙上的肖像包括但丁和品达、柯尔律治和牛顿、克伦威尔和丁尼生、威廉·戈得温和赫伯特爵士。有座弗拉克斯曼的普赛克小雕像，还有个歌德的小铜像。他旅行所到之处带回来的林林总总的纪念品，从梵蒂冈的印刷版画到他从埃及带回来的小石棺、奥西里斯和穆特的塑像，以及木乃伊裹尸布。每当孩子们——不管是他的孩子还是朋友的孩子——在他书房里嬉耍，他会用这些东西来作为引子向他们教导文化和思想。

1882 年 4 月 18 日，他外出散步，回家时被雨淋得浑身湿透。第二天他就病了——肺炎已经侵入了体内——他断断续续地告诉女儿："我希望事情别以这样的方式到来。我情愿跌进地窖里。"但他还是坚持跟往常一样穿好衣服到书房去。一个星期后，他与世长辞。他的墓穴位于康科德睡谷公墓的一处隆脊上。他葬在几位他的密友左右——梭罗、霍桑、奥尔科特。不过即便是死亡，他似乎也高耸于他们之上。其他人的墓穴都以庄重的墓碑标记。爱默生遗体之上则放置了一大块粗犷的石英大理石巨砾。这仍是个非常贴切的象征：不管能被塑造成多美妙的事物，这块闪闪发光的石头就以其粗砺大块呈现在此地：一切皆有可能。他将超群理性和区区常识置于对立之地。多数人看见的实用之处，他却知道我们有能力看出神性的基本原理。在巨砾上所镶嵌的铜匾上，位于他的名字和日期下方那两行字，路过的人乍一看只觉得朴实无华，直到他意识到其实这两行字生动地表达了对此处与彼岸的理解和道德理想主义的宏大体系：

> 被动的艺术家将他的手出借
> 给那超越他的庞大的灵魂设计。[1] ■

1 张爱玲译。

花楸橡树别业，牛津，密西西比州

威廉·福克纳 1897–1962

他出生时得名威廉·卡思伯特·福克纳，1918年加入皇家空军之际在姓名当中加上了一个字母u，或许是要设法使之听起来更像英国人。具有讽刺意味的是，他这么做，反倒将姓氏恢复成原本的拼写方式。他的曾祖父威廉·克拉克·福克纳，这位律师、拥有奴隶的种植园主兼南部邦联军队的上校，最初把姓氏的拼写给改了，以免人们将他和“某些没出息的亲戚”混为一谈。在密西西比州的里普利墓园，福克纳上校墓前矗立的那尊他本人的雕像，向外伸展的右手少了三根手指头。有传闻说，那是被他原先的生意伙伴迪克·瑟蒙德的亲戚在一通狂喝滥饮之后射失的。瑟蒙德与福克纳在他们共同拥有的里普利铁路问题上你争我夺，瑟蒙德后来射杀了福克纳，却又在1891年的审判中被宣告无罪。福克纳上校在世时写过几本书，其中包括一部颇为畅销的浪漫作品《孟菲斯白玫瑰》，他墓前的雕像就有一部分是展现他所写的一堆书。然而，他如今为大众所铭记，并不是作为一个作家，而是作为一个角色——他曾孙笔下的约翰·萨托里斯上校。

对页：花楸橡树别业中福克纳原先书房内的桌子。1950年他听说自己获得诺贝尔奖的时候，他告诉一位瑞典记者：“我没法亲自前去领奖。那里太远了。我是南方这儿的农民，我走不开。”然后他开车送女儿去学校，那天下午又忙着劈柴。最后，他总算给说服了，去斯德哥尔摩领奖。他身穿租来的礼服，做了一场令人难忘的受奖演讲，有一部分内容是这么说的：“我感到这份奖并非授予我这个人而是授予我的劳作的——那是深陷在人类精神的痛苦与汗水中的一辈子的劳作，之所以劳作，不是为了荣誉，更不是为了利润，而是想从人类精神的材料中创造出某种过去未曾有过的东西。”

福克纳五岁时，他父亲携家带口，从四十英里西南的新奥尔巴尼搬迁到拉斐特县中心的牛津镇。他对这个小镇和郡县逐渐熟稔于心。经过一段时间进行一些散诗和两部颇有前途的小说的写作训练后，他意识到自己作为作家要有所成

对页：通往花楸橡树别业的近道。1930年福克纳一家举办的第一场聚会是为邻里孩子们办的万圣节派对。为招待他们，福克纳讲了一个关于房屋原先某主人的鬼故事，故事里净是无望的爱和哐啷作响的枷锁，把孩子们吓坏了。

下图：1955年5月，福克纳与妻子埃斯特尔。

右上：后门入口，右边是福克纳的新书房。骑马一下午之后，福克纳会把骑具挂在这里。

右下：配餐室里的电话，他就是在这里获悉自己得了诺贝尔奖。墙上潦草涂写的名字和号码都隐约可见。

后页：福克纳原本的书房。壁炉上挂着的是他的肖像，出自他母亲之手。

就，最佳机遇就在于将他“邮票般大小的故土”作为创作题材，因此他将牛津镇变成了名叫杰弗生的小镇，把拉斐特县变成了虚构的约克纳帕塔法县，这个想象出来的地方当中却有着真实的生活和破碎的梦想。从《萨托里斯》（1929）开始，福克纳用他的家族历史作为小说的基底，作为他笔下那个由阴森险恶而又无可挽回的过去所构成的迷宫的原型。南方历史的黑暗遗产，那包含暴力、体面和堕落的残酷传统，和福克纳素来华丽、时而实验性一把的创作技巧一相结合，这时候就形成一种独特的巍然大观，迷人而又怪诞。他究竟如何凝视过去，那是关于他深奥艺术的议题了，但在他牛津县家中的藏书室里，则有着表现其中来龙去脉的奇妙象征：墙上有两幅肖像油画，都出自福克纳的母亲莫德之手，一幅是福克纳本人，画里他凝望着另一幅肖像，那上面是他的曾祖父老上校。日复一日，福克纳坐在两幅肖像之间，以过去沉甸甸的负累为题材，笔耕不辍。

自最初起，没落的辉煌就令福克纳心醉神迷。当他还是在牛津日渐成长的孩子时，他就知道旧贝利寓所，据说曾是一座“大宅第”，但早就已经破败不堪。1930年，在能够买下旧贝利寓所的机会来临之际，他当即果断下手，并向原屋主们承诺会修复这个地方。此前一年，他出版了《喧哗与骚动》，这座房子合乎他新近获得的自信感；不久前他同心上人埃斯特尔·奥尔德姆喜结连理，她刚离了婚，已经是两个孩子的母亲，因此他需要有个足够大的地方好让他们都住到一起，还要尽量彰显

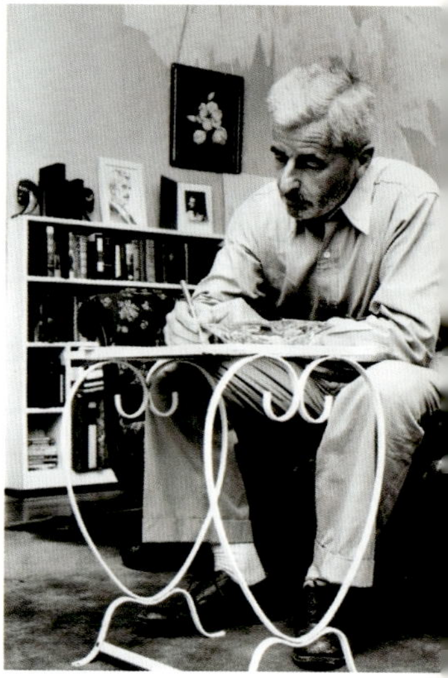

排场。他以六千美元的价格买下这座房子以及四英亩地，屋主执行的是信托契约，允许福克纳每月付给他们七十五美元。他用六年时间付清了这笔款项，接下来两年又为地产增购了二十九英亩地。到 1938 年，这时候的房屋和庭院就同我们今天所见的别无二致。不过，这可耗费了大量的劳作，正如《押沙龙！押沙龙！》一书里托马斯·萨德本那般，在一片荒芜之中创建他的富丽堂皇的庄园。

左上：福克纳在花楸橡树别业后面新建的书房。墙上是他写下的小说《寓言》的大纲。到他晚年要上楼去卧室已显困难时，他就睡楼下这张床。

右上：1955 年 5 月 6 日所摄的福克纳。他正在他母亲送他的桌子上写作。他经常把这张桌子带到外面继续写作。

对页：新书房中的书桌。在接受文学杂志《巴黎评论》的一次采访中，他说："我愿意把我创造的世界想成是宇宙中的某种基石；虽然只是小小的基石，但假如给拿走了，宇宙本身就崩塌了。我的封笔之作将是关于约克纳帕塔法县的末日之书、黄金之书。到时候我会折断铅笔，不再写作。"

房屋原先是罗伯特·希古格上校于 1844 年前后所建，这位爱尔兰裔种植园主从唐县迁居至此地，到 1860 年去世时，他已经拥有六千多英亩土地以及九十个奴隶。房屋的建筑师——应当说是技艺高超的木工师傅更为贴切——是威廉·透纳，他业已在这一地区建造过好几座房屋，特别青睐彼时广受欢迎的希腊复古风格。房屋从希古格家族传到贝利家族手上，又因年久失修最终流转到租户手中。尽管如此，福克纳的眼光还是能跳脱，或者说透过破败的状况。房屋正面气派不凡，车道蜿蜒，前门的砖砌人行道两侧雪松成排，南北战争之前就建造好迷宫似的花园，建筑外观幽暗阴森，这一切肯定让他想起了曾祖父在里普利度过的一生。最重要的是，他喜欢这里的清净。地产上林荫覆盖，有山茱萸、木兰，还有雪松（雪松在人们看来可以隔绝黄热病），福克纳自己又种了山茶花、英国香水月季、黄杨木和观赏性的梨树和苹果树。唯独不见花楸和巨大的橡树。然而他为房屋所起的名号，其一是他念念不忘，其二是他在书上读到过。他对于在路易斯安那州生活期间见过的黑栎树或者叫"灵感"

橡木念兹在兹，认为这种树象征了他在新家里所寻求的稳固和保障。至于花楸，原产地为苏格兰，他在弗雷泽的《金枝》一书中读到过，能阻隔妖魔邪神，对于福克纳而言，就是能隔绝居心不良的记者、学生和索要签名的人。因此，他把两种树组合在一起命名，着手修葺房屋，修复梦想——与此同时，据说他还在车道上额外挖坑以阻拦不速之客的车子。

福克纳买下花楸橡树别业时，这里没有中央供暖，没有通电，也没有管道设备。屋顶需要加木瓦盖，已经几年没有进行任何维修和粉刷了。他以非同寻常的耐心，亲力亲为，完成了所有的修缮工作和改进措施，只偶尔有按日计酬的工人来帮帮忙。他还为前门廊两侧砌砖加建安装有栏杆的露台，翻修了庭院，增添一座玫瑰园和斯卡珀农葡萄藤。他在餐厅尽头加盖阳台，为边门入口建造了停车门廊，楼上添了一间新卧室。在二十世纪五十年代，他往楼上楼下的走廊涂抹灰泥，在一楼为自己打造出一间书房，在楼上开辟了储藏区域。至于附属建筑部分——包括起初的厨房和外屋——也都被一一修复。有一座供家里用人使用的佃户小屋，起初住的是福克纳儿时的保姆卡罗琳·巴尔，大家熟知的“考利妈妈”，她生于奴隶制尚存的时代，福克纳一生都对她感情深厚；在她去世后，普赖斯夫妇住了进来，由他们负责照料房屋和庭院。此外，还有一座橡木搭建的牲口棚，但福克纳又建造了一座新的马厩。他和女儿吉尔都热

上图：福克纳卧室中的带镜衣柜。
下图：1938 年在花楸橡树别业举办的一场狩猎早餐。上的菜有鹿肉和鹌鹑，要求大家穿著华丽的骑行猎服，福克纳吹响绕在他脖子上的狩猎号角来跟客人们打招呼。每过一刻钟就端上来一杯杯波旁威士忌酒。福克纳、他的妻子和年幼的女儿吉尔都在最后一排。
对页：埃斯特尔卧室中的梳妆台。她比福克纳大一岁半，1911 年遇见她时，他笨手笨脚地和她在聚会上跳舞，还向她展示了他最初创作的一些诗。1918 年她和他已经“准备私奔”，但她的家人反对他们的婚事，她嫁给了另一个男人。直到她离婚，他们才获自由身，于 1929 年结为夫妻。他们坎坷的蜜月预示了许多后来的困难。

爱骑马，马厩里养了四匹马。福克纳自己的马分别叫作“腾比”和“石墙”。

福克纳想过上乡绅的生活而又无乡绅那种过度的矫饰做作。伴随他所渴求的清净无扰而来的是某种质朴无华。另一方面，埃斯特尔对于房屋则有其设计构思。客厅以一架查克林小三角钢琴以及她收藏的古董精心布局装点。厅里有个橱柜，里面陈列着一个日本艺伎娃娃和若干中国壁毯，纪念她第一段婚姻期间在上海度过的岁月。壁炉上方的油画两侧放着蔓越橘玻璃花瓶。客厅看来多用于重大活动。最后一次这样的活动是福克纳的守灵夜——就在这个房间，一如他挚爱的母亲和卡罗琳·巴尔的守灵夜。餐厅的家具配备如出一辙，设有收纳瓷器的橱柜和餐柜，一面墙上挂着东方的祈祷跪垫。一间面积颇大的配餐室和厨房在尽头，后厅是家人所说的“音乐厅”。他们常常在晚饭后到那里去，福克纳阅读，他妻子弹奏她的立式小钢琴。福克纳不允许家里出现收音机，到了电视机问世销售之后，也不允许家里出现电视机。尽管酷暑难耐，他同样也禁止安装空调，抱怨“它们妄图消除四时天气变化”。虽说如此，如今人们会注意到，其实埃斯特尔卧室里有一台巨大的老式空调机。收据显示，购买日期就在她丈夫去世后两天。他唯恐遭到打扰，因此难以容忍屋里出现电话。唯一获准进入室内的那部电话放在配餐室角落的一块小搁板上。配餐室墙上汇集着一堆出自不同人之手、字迹潦草的记录——都是些名字和号码：吉米，2250；切斯特·麦克拉，1332。正是这部电话，在 1950 年 11 月 10 日一大早响起了铃声。打来电话的是瑞典一家报社驻纽约的记者，想了解他刚获得诺贝尔奖有何感想——福克纳自己都尚未听说这一消息。

从客厅穿过门厅就是藏书室，正是在藏书室里那张小小的写字桌上，福克纳写下了构成约克纳帕塔法体系主体的长篇小说和短篇小说，从《八月之光》(1932)到《押沙龙！押沙龙！》(1936)，乃至后来的多部作品，包括斯诺普斯三部曲。这些作品一起组成了对于“怀抱希望和彰显美好的澎湃激情，人类的悲剧和喜剧，脆弱易毁却又百折不挠”富有喜剧性——时而又触目惊心的绝佳演绎。无论是在好莱坞当编剧赚钱，还是他习以为常、几近致命的酗酒滥饮，都阻止不了福克纳孜孜写作。债务有时险些让他保不住花楸橡树别业，1940 年，他写道：“或许不仅仅是虚荣作祟吧，我就是对它抓住不放。我拥有的土地比镇上任何一个人的都来得大，没有人给我其中哪部分，也没有人借我半毛钱来买下其中哪部分，我所有亲戚和镇上的人——包括那些负债累累的人、堂而皇之揩油的人，所有人都预言说我顶多就是个无业游民。”当他写的书销售欠佳或者甚至都不再版了，他依然坚持不懈。环绕藏书室内的书架上塞满了一卷卷书册，包括他对密西西比大学一个班的学生说起过的那些对他影响最大的书：旧约、梅尔维尔、陀斯妥耶夫斯基和康拉德。

1952 年，福克纳围起后门廊，在藏书室出来的侧面走道对面建了一个新的书房。他进这个房间写作，同时也在里面处理生意，到了他生命的尾声发觉难以爬楼梯时，他还把这里当卧室用。他守护这一藏身地。在藏书室，他离前门太近，这样看来福克纳好像一直在往后退——退进屋里，正如退进他的故事里——去找寻他想要的平静。曾有一回，他出去旅行，归来时发现房间已经被“清理收拾过”了，他便决定以后若再出去旅行，得把门上的球形拉手卸下来随身带走，不让那些爱管闲事的家伙得逞。这屋子很简朴：书架、写字桌、壁炉和两把阿迪朗达克椅子。在这个房间的墙上，他进行1954年小说《寓言》的情节创作，这一轶事早已传为佳话。发生在第一次世界大战圣周期间的这则复杂晦涩的寓言，其故事情节是福克纳逐日在房间四周墙上创作而成的。最初的大纲已经写在墙上，他重新构思之后，还是以周一开场——因此现在墙上有两组大纲。第一个版本以军队时间叙事，是这样写的：“六点，法国军团叛乱，拒绝离开战壕发起进攻，被拖出去缴了械，受到拘捕并遣送往后方。”随后那个周日是最后一条，标注为次日：“老三军总司令的遗体被运回国内，送到凯旋门举行最终的仪式。传令兵冲出人群，把下士勋章丢到了灵柩上，导致仪式中断。”

房屋楼上的前部是吉尔的卧室和客房。埃斯特尔的卧室在后面，福克纳的卧室则在中间。房间单调乏味——平淡无奇的床、带镜衣橱、摇椅和书架——提醒人们他的安宁与他永无休止的梦都发生在楼下，就在他书桌上，与桌上那些笔和安德伍德便携式打字机相伴。他每天清晨早起，给自己做好早餐，天天都从七点写作到下午两点。他一字一句写在便于再作修改的特制宽边纸上。下午他到镇上收发信件，然后会去骑骑马或者到附近的萨迪斯水库上驾驾帆船。总有杂活要忙。晚上属于比较传统正式的时候，福克纳喜欢给客人们斟上葡萄美酒。晚饭过后，浅啜威士忌之余，他会离席回到他最喜欢的椅子上去读凶杀案侦探小说作品，他的妻子则坐在房间另一边的椅子上。他的婚姻始于浪漫，但后来越发冷淡，他和若干妙龄女子有过几段长时间的私情，埃斯特尔在1957年曾提出过离婚，不过尽管如此，他们的婚姻还是熬到了最后。她做到不再酗酒以及转而寻求神秘主义显然在其中起到了积极作用。

最终，从马背上摔下直接导致了福克纳的死亡，虽说他的酗酒问题和衰弱的心脏无疑是根源。小说家威廉·斯蒂伦在牛津镇参加了葬礼，并执笔记录了送葬队伍穿行法院广场的景象：“我陷入深切的回忆中，仿佛给吹响的号角召唤到了那里。迪尔西、班吉、拉斯特和康普生家所有人，海托华和拜伦·伯奇还有弗莱姆·斯诺普斯和温柔的莱娜·格鲁夫——所有这些人还有许多其他角色，或喜、或悲、或恶贯满盈，全都涌入我的脑海……给人一种全然真实的感觉……突然之间，随着我的视线扫过镇上民众那些机警多虑的面孔，我满心苦涩的悲痛。”早在几年前，福克纳自己曾写过这样的时刻：“那一刻，一刹那，夜里：黑暗：死寂：此刻我将永远放下那些令我极度痛苦、让我疲于奔命的一切，那一切再也无法困扰我了。”还应该补充一点，1962年他去世的那一天，7月6日，实际上正是他曾祖父老上校的冥诞。■

罗伯特·弗罗斯特农庄，德里，新罕布什尔州

罗伯特·弗罗斯特 1874–1963

有好几处弗罗斯特故居。在佛蒙特州的里普敦，在佛罗里达州的基韦斯特，在新罕布什尔州的弗朗科尼亚，都可以前去参观探访。在佛蒙特州的南沙夫茨伯里，有一座石头房屋，1922 年 6 月一个炎夏的早晨，弗罗斯特就在那屋里的餐桌上写下了《雪夜林边停歇》一诗，该地距离他与其妻双双长眠的本宁顿第一教堂老墓地不远。在阿默斯特和坎布里奇也都能指认出弗罗斯特的居所。不过，1949 年弗罗斯特被问及他最幸福的时光在何处度过的时候，他回答道："最幸福？哦，我觉得是住在新罕布什尔州德里农庄的时候吧。那里是我所拥有过的唯一的不动产了。"然而，对于弗罗斯特的幸福——至少是回顾过去时感觉幸福，起到决定性作用的因素可不光是拥有房产而感到的骄傲自豪，实际上他也算不上完全拥有农庄，更重要的是，他在德里度过的那些岁月孕育了他的诗人生涯。正是在这农庄，这里的地形风貌和日常生活赋予他创作的题材，假他以时日写入字里行间。半个世纪之后，1952 年弗罗斯特在写给一位好奇问询的陌生人的信中说：

对页：弗罗斯特德里农庄领地上的林间小道。他喜欢带上年少的孩子们到自然中散步，但更喜欢独自漫步。他最出名的早期诗作其中一首题为《未走之路》，这样收尾："曾有两条小路在树林中分手，/我选了一条人迹稀少的行走，/结果后来的一切都截然不同。"

左图：弗罗斯特在夜里写作时就坐在这张莫里斯式的椅子上，腿上搁一块木板。"有种危险，"他曾说过，"就是忘记了诗必须包括想法见解，而不光是情感……想法可能引起麻烦，必须留在……诗人应当心怀恐惧、战战兢兢地纳入想法。但必须纳入想法。"

你可能有兴趣了解，我在德里的十年，前五年基本上都在务农，后五年主要是教书，但也照样做一些农活，我的第一本诗集写了过半，第二本诗集写了大半，甚至第三本也写了好些内容，尽管都有待后来才出版。可以说，我所有创作的核心大概就是我在德里村往劳伦斯方向一两英里开外的这个农场度过的五年自由自在的时光。当时我们别无他物，只是有大把时间逍遥于尘世之外。我事先也没预料到，我并没有那样的先见之明。然而事情就是这样，巧妙得如同医生所开的处方一样。

弗罗斯特在美国作家中属于出了名的大器晚成。与沃尔特·惠特曼和华莱士·斯蒂文斯一样，他经历了漫长而又支离破碎的写作训练。在他第一本书面世前，他已经三十九岁了，而且还迫不得已辗转到英国去找乐意为其出版作品的出版商。此前的岁月他一路都是随波逐流。他曾在达特茅斯学院和哈佛大学读书，但从未完成学业。他在工厂和报社都工作过，也教过书，他散漫地学习，随性写作，一而再再而三地病倒。他生活中唯一恒久常在的，是他 1895 年迎娶的中学恋人埃莉诺·怀特以及他祖父所给予的源源不断的经济支持。1899 年，医生告诫弗罗斯特，他久坐的习惯会断送他脆弱不堪的健康，这时候他尝试着养殖家禽——出乎意料的是，他竟乐在其中。不过悲剧步步紧随，他母亲罹患晚期癌症，四岁

上图：德里农庄，1907 年。弗罗斯特家的孩子们：玛乔莉、莱斯莉、厄玛和卡罗尔。

下图：农舍和牧场。在 1915 年所写的一封信中，弗罗斯特承认："我经营农场，可以说，差不多近十年了，但算不上农场主，更应该算是逃亡者，逃离了在我看来已'拒我于门外'的世界。这完全出自本能反应，不过现在我明白了，我当时逃离是为了拯救自己、收拨自己，这样才能使出力气与天地万物比拼。我从来没有全然一劳永逸地脱离世界。我喜欢人，即便是在我以为我讨厌他们的时候。"

对页：从柴火间往厨房观望，穿过配餐室（也用作夏季的厨房）所见的农舍背面的入口。

后页：厨房。他的妻子埃莉诺就在厨房坐下来给孩子们读书。

上图：餐厅。弗罗斯特就在这里和家人开始充满幻想地探讨关于放弃务农、前往异国他乡旅行是否可行。1911 年，弗罗斯特接受新的教职，他们搬到新罕布什尔州的普利茅斯，不过一年后，他们一时冲动就搬到了英国，他最终在那里作为诗人获得了认可，他的头两本诗集都是在那里出版。

的儿子埃利奥特因霍乱而夭折，妻子又陷入抑郁，弗罗斯特自己也备受胸痛和噩梦的困扰。他的祖父相信变换一下环境有助弗罗斯特的生活归于安好，同意出钱在新罕布什尔州南部位于萨勒姆和曼彻斯特之间的德里小镇买下占地三十英亩的农场。农场有着相对而言较为簇新的农舍和谷仓，有果园，有牛有马有三百只鸡，总共一千七百美元。他甚至还承担了雇用一个人的薪水。弗罗斯特携妻子以及襁褓之中的女儿莱斯莉在 1900 年 10 月 1 日搬进农庄。当时《德里新闻》还报道了此事："罗·弗罗斯特先生乔迁入住他最近买下的马贡住处。他养殖有近三百只怀恩多特鸡。"

弗罗斯特的祖父一年后去世，他在遗嘱中规定弗罗斯特可在这片地产"自由居住使用十年"，之后便归他所有，随他处理。祖父的馈赠相当慷慨大方。装配白色护墙板的农舍宽敞开阔，朝西穿过土路是放牧他养的那头牛的两块草地。北边是种植苹果树和桃树的果园以及菜园，相当一部分菜地用于种植根茎类蔬菜，以便冬天贮藏在地窖里。东边的草田延绵到一片阔叶右上：罗伯特和埃莉诺的卧室。1938年她去世后，弗罗斯特从佛罗里达州写信给儿子："葬礼过后，大家可以开车到德里农庄去，把骨灰撒在德里农庄的桤木林，假如现在的主人同意我们这么做的话。我说的大家，是指家人，还有大概一两个我们最亲近的朋友。"实际上，当他到农庄拜访，询问主人这一计划是否可能时，他察觉到主人不太自在，于是决定保留骨灰瓮，到了1941年落葬于佛蒙特州的本宁顿第一教堂老墓地，与他们的儿子卡罗尔并肩长眠，卡罗尔在此前一年自杀身亡。1963年6月，弗罗斯特自己的骨灰瓮也葬在他们旁边。
右下：婴儿床。

林，南边有桤木林、小溪和一小片沼泽。后来房屋被新罕布什尔州出资回购，曾在这里居住到十一岁才搬走的弗罗斯特的长女莱斯莉回到新罕布什尔州，她花费数年时间，走遍乡村，搜集类似于她所记得的世纪之交时期家里那些家具、墙纸、装饰品和厨具。弗罗斯特自己的写作用椅——一把以马鬃填充靠背和座垫的莫里斯式活动躺椅——是在阁楼的角落里发现的，如今躺椅占据着客厅的中心位置。诗人会在躺椅上写作，在腿上横放一块木板，在他埋头工作时，门都得一一关上，以免有任何干扰。屋里也有书橱，这个家庭非常重视书籍，所有孩子（又有三个孩子在此出生）都早早就给开启了对于经典的阅读。在拜访友人之际，弗罗斯特常给东道主带上一本书，并且提醒对方"书可以一时放下，但可别放一边去"。客厅过去是一间宽敞的餐厅，有座正面呈圆形的火炉，一边的尽头是一间小小的缝纫室，同时也用作接生的产房以及小孩生病时隔离的场所。厨房炉灶边上有一张摇椅，埃莉诺给孩子们读书时就坐摇椅上。埃莉诺对于她全套的皇家道尔顿瓷器和壁挂式电话颇为自豪，不过她也勤俭持家。装土豆和牲畜饲料的粗麻布袋用来做成被毯，装盐或糖或者谷物粉的棉布袋改造缝制成孩子们的衣服。厨房后面有洗衣房（夏令时节火炉就被搬到这里）、柴火间和厕所。没有冷藏室，牛奶可以在地下室保存几天，根茎类蔬菜和苹果也都贮藏在那儿。楼上的主卧是标准的旧式美国房屋的配置——双

人床、火炉和婴儿床。

弗罗斯特的邻居们觉得他这人挺古怪的。他照着自己的节奏，自行其是。他在晌午和半夜给牛挤奶，因为他不喜欢早起。是时候收割干草了并不意味着他就要去收割。不过他总是有时间谈论诗歌，会邀请附近平克顿学院的学生们饭后前来小坐，听他讲对拉丁语大师们或者莎士比亚或者济慈的见解。

他最喜欢的活动是散步。当然了，诗行以音步来斟酌字句，而散步的节律一直是许多诗人生活的重要组成部分。弗罗斯特会带上孩子们一起去探索农场。实际上，莱斯莉在德里农庄生活的这些年里写有日记。例如她 1908 年 4 月 9 日的那一页日记中写着："我们的农场有好多有趣的地方可以去，就像大千世界一样，只不过你用不着跑那么远。我们几乎每天都去个啥地方。"弗罗斯特同样也是能在他家后院就看到世界，并且孜孜矻矻探索其中。他能将孩子们纳入他编的故事，就像他写给莱斯莉的一首叫作《蓝背鸟的留言》的诗那样，该诗是这样开头的——

我出门时遇见只乌鸦，
用一种低嗓门对我说话：

左上：连接农舍和谷仓的一间间牲口棚有多种用途。
右上：毗连厨房的配餐室也用作洗衣房。
对页：这个没有装修的房间在家庭卧室后面，有时用来招待客人，但弗罗斯特刚搬进农庄住的时候，这里给杂务工卡尔·伯勒尔住，弗罗斯特的祖父雇用他来为弗罗斯特帮忙料理农场杂活。在德里写就的诗中，有一首著名的叙事诗《雇工之死》讲述了一个雇工回到他曾工作过的农场而死去："我已为他铺好床让他过夜。/你看见他定会吃惊——他完全垮了。/他再也不能干活——这点我敢肯定。"这故事并非伯勒尔的故事，而是当地的传闻。

嘿，我正在找你呢。
你好吗？我就是来
叫你去告诉莱斯莉
（你会告诉她吗？）
她那只小小的蓝背鸟
要我帮它把口信捎，
说昨晚的那场北风，
那场使星星明亮的北风，
那场使水槽结冰的北风，
使得它咳嗽，差点儿没
吹掉它尾巴上的羽毛……[1]

不过，他独自散步产出了更多的作品。走遍他自己的多亩地产，走到盖家的树林，走到贝里家的牧场，走到厄普顿夫人的地产，走到纳特·海德家的树林。

我已穿过原野和树林，
我已越过那些石墙；
我已登过视野开阔的高地，
看过这世界，又步下山岗。

德里农场的树林里生长的是北美乔松、栎树、桤木和糖槭。林中平地上遍布香蕨、观音莲和红门兰，原野上绣线菊、蒲公英和马利筋一片欣欣向荣。石墙——需要每年“翻修”以更换因冰冻隆胀或者重力使然掉落的石头——既标明了地产的分隔线，又标示了原野和森林的分界。（正是弗罗斯特的邻居拿破仑·盖——他说的“篱笆牢实邻居情长久”——坚持他们一起走一趟的传统，修复既将他们分隔开又将他们连在一起的石墙，弗罗斯特在他闻名遐迩的诗作《补墙》中充满幽默地嘲弄了这项任务。）散步路上，弗罗斯特满怀充斥于他情感生活的绝望和职业生涯屡屡受挫的失望，他有时向自然寻求力量恢复心境，有时则向自然寻求与其阴郁情绪的共鸣。然而，他一向观察敏锐，不仅观察自然之奇特之丰盛，还观察人与世界之间的奇妙关系。鲜少有诗人将田地上的劳作写得如此精彩绝伦。弗罗斯特曾说过他最喜爱的工具是镰刀和笔，在德里写就的一首诗《割草》无懈可击地刻画了午后诡异的寂静——以弧形刀锋舞动的节奏和诗歌长长的诗行一前一后游走的形式表现：

静悄悄的树林边只有一种声音，

1 本章所引诗句均为曹明伦译。

那是我的长柄镰在对大地低吟。
它在说些什么？我也不甚知晓，
也许在诉说烈日当空酷暑难忍，
也许在说这周围过于寂静——
这也是它低声悄语说话的原因。

弗罗斯特对于乡邻的观察之细致入微，完全不亚于他对农场的观察。倘若说他的第一本诗集《少年的心愿》中的抒情诗源于他在德里的田园生活，那么他的第二本诗集《波士顿以北》当中的戏剧性的叙事诗，则是他和邻里乡民以及乖戾的当地居民打交道的产物，对于这些人他都专心致志地侧耳倾听，他们生动形象的语言和抑扬顿挫的谈吐筑成他所坚决主张的诗歌应是下里巴人而非阳春白雪这一观念的基石。他所用的措辞是“合理之声”，诗只有顺应人类言语的现实情况，才能更好地抓住人类感情的动向。

他经营农场始终未能获得成功，若干年后他将原因归结于他的懒惰。（懒惰！那时他一直在写诗，如今这些诗已经跻身英语语言中最广为人知、最深受喜爱的行列。）1906 年，随着家庭人口的增加，越发需要用钱，他决定到德里镇的平克顿学院教书。这份工作甚至也是因诗歌而找上他的。有一天，德里公理会教堂的牧师在布道坛上当众朗读了弗罗斯特的《花丛》一诗，那时有几位平克顿学院的老师在场，他们上前向羞怯窘迫的诗人表示祝贺。其中有位老师建议他去学校教书。弗罗斯特热爱教学，最终离开农场搬到镇上，离平克顿学院更近一点。他的成功在整个州范围内引起了广泛关注，到了 1911 年，祖父的遗嘱允许他变卖农庄的时候，他就卖掉农庄，搬到新罕布什尔州的普利茅斯，去担任新的教职，但他将近四十岁了，处于职业生涯的关键时刻。他觉得必须作出决断，倾注身心，专事诗歌。他想搬到加拿大，而他妻子更倾向英国。他们掷硬币决定，结果英国赢了。1912 年夏天，全家搭船漂洋过海去。他从此走上功成名就之路。

他曾说过，老师的任务是把某些事物讲个明白，他又加上一句，诗人的职责也同样如此，要“揭示生活”。那样的点拨启发间或有着某种黑暗包含其中。像《荒野》这样一首烦忧的诗就对照外在的空寂和内在的空虚，二者阴郁地呼应彼此。弗罗斯特自己的情感生活举步维艰，束缚于他自己造成的种种困境，但其核心是兰德尔·贾雷尔曾经所言的“执着于求真”。他去世前一周寄出的他所写的最后一批信，其中有一封他冥思苦想于“在需要慈悲的世界，我们怎能做到公正；在需要公正的世界，我们怎能做到慈悲”。心灵和心智的主张是他的诗歌孜孜探索的疆域，对于痛并快乐的世界以及人在其体系中的位置，他的诗歌为之发出了雄浑有力的声音，这在我们的文学中并不多见。而这毕生对真理的追求就始于他的德里农庄。■

古屋，康科德，马萨诸塞州

纳撒尼尔·霍桑 1804–1864

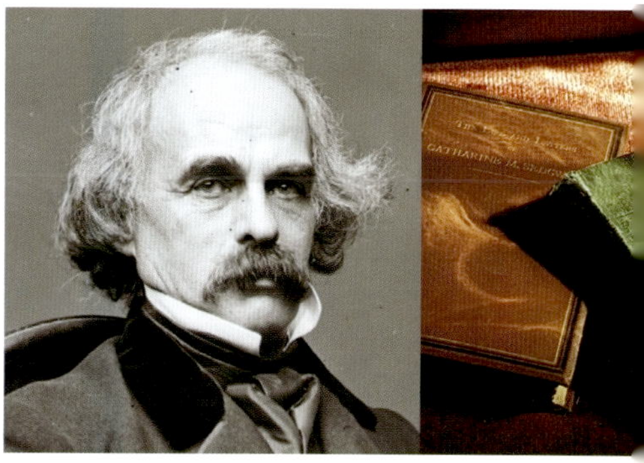

对页：在莱诺克斯写《七个尖角阁的老宅》时，霍桑给出版人去信说，小说中许多段落“应该以荷兰绘画的细致入微来完成”。古屋所见的这幅景象恰恰就有着引人入胜的观感和令人恐惧的空洞这些荷兰式的特质——仿佛住在里面的人刚刚离开房间。在霍桑的整个写作生涯中，房屋和居室一直强烈吸引着他，既发人深省又束缚其中。他这个人离群索居，沉默寡言，喜欢安安静静独处。

十九世纪二十年代，还在鲍登学院读大学的时候，一心盼望加入文学社团的纳撒尼尔·霍桑在两个社团之间选择了更为“本土文化”的雅典人社团。他的选择呼应了十九世纪头几十年两派人之间进行的激烈争辩，一派人认为胸怀志向的美国青年作家理当沿循文雅的英国文学范例，另一派人则试图摒弃既有的路数，聚焦于美国自身独特的内容——本土的自然景观、秉性气质、历史过往和方言用语。从一开始，霍桑就被“美国的物事”所深深吸引，尤其是清教徒的出身起源，他埋头研究旧时记载和陈年历史，涵盖任何他能获取的资料，只要有助于更好地了解美国是如何一路走来。假如说霍桑最早先的小说似是仿照沃尔特·斯科特爵士的哥特风格，那么随着他渐臻成熟，变成了擅长描摹挥之不去的严格道德观念传统的阴郁大师，这一传统曾经决定了——现在也依然决定着——美国民族性的基本面貌。他着迷于我们文化之中的清教徒气质——其中所谓的使命感，时而虔诚且坚定，时而狂热或虚伪。他的小说探究了由此带来的代价和祸害，他最知名的小说《红字》(1850）和《七个尖角阁的老宅》(1851）以深刻的心理描写和令人胆寒的细致刻画，探索人心之中的艰难挣扎。《七个尖角阁的老宅》的中心思想，正如霍桑在前言中阐明的，是“上代人作恶会殃及后代，恶果会将所有暂时得到的利益化为乌

有，发展成彻头彻尾、难以控制的祸害”。贪婪与犯罪滚落向前，永远纠缠在一起。霍桑了解个中的缘由。其实，他写的就是他自己的家族。霍桑的祖先，残酷的约翰·霍桑上校，曾担任萨勒姆驱巫案的法官，当萨拉·古德向指控她的检察官喊出“我不是女巫，跟你不是巫师一个道理。如果你取走我的性命，上帝会让你饮血！”，那时霍桑上校正是当庭法官。小说中，马修·莫尔对宣告他因施巫术有罪并且夺取他的地产的品钦上校尖声喊出的诅咒就是“上帝会让你饮血！”，尽管实际上，霍桑并不只是把祖先的故事戏剧化处理，也并非编造出又一个关于原罪的寓言。他是在叙写美国的传奇故事——关于一个民族受无知的驱使犯下恶行而又以谋杀开释无知的永不安宁的故事。

霍桑的声名是一步步缓慢累积起来的，他早期的生涯烙刻着困难与受挫的印记。埃德加·爱伦·坡一度将他称为“这个国家之中私下倍受欣赏但公开赞誉不足的天才的典型例子”。他还在读大学时就开始写作，与母亲以及姐妹们住在萨勒姆亲戚家时，他这个性格孤僻的年轻人总待在“同一屋檐下”他的房间里创作小说和随笔。作品收到的反映总是欠佳，他为此沮丧不已，因而烧掉了原稿。他的第一本书在1828年自费出版，但他销毁

上图：古屋坐落于一条长长的吉莱特香脂树林荫道尽头，远离公路，因此正如霍桑所写的，不会“离道路太近，以致每个路过的人都能探头探脑闯到家里的范围，跟过去似的”。另一张是古屋的立体效果照片，摄于1875年。

对页，上图：旧北桥，位于房屋西北方向，散步过去只需两分钟。1775年4月19日，对英国殖民的首场反抗之战就发生于此，约一百名英国兵在桥的一边，四百名义勇兵在另一边。

对页，下图：古屋的入口过道和楼梯。楼梯井上挂着皮质水桶。每家每户都加入当地救火队，一旦警报响起，他们就带上准备好的水桶冲去帮忙灭火。

了他手头的那一本，绝口不再提起。不过，他撰写的故事在当地报纸刊载之后，渐渐引起了关注，终于在1837年出版他的故事集《重讲一遍的故事》（由朋友签名匿名出版），而且受到他在鲍登学院求学时的同窗亨利·沃兹沃斯·朗费罗刊登在《北美评论》上的赞誉，朗费罗断言霍桑是“一名新星”，说该书“出自天才之辈的手中”。他或多或少也算是波士顿的文学新秀了，这时候遇见了皮博迪三姐妹：伊丽莎白，爱默生的朋友，后来又是《日晷》杂志的出版人；玛丽，嫁给教育家霍勒斯·曼；她们柔弱的妹妹索菲娅，霍桑与她坠入了情网。1838年，他们订婚但不公之于众，因为他前途未卜，怕会在她的家族中引发什么不誉传闻。他先是试着在波士顿海关工作，后来又去布鲁克农庄，那是个超验主义艺术家和作家聚集的乌托邦团体，然而他所尝试的一切都不足以赡养妻子。他依然情深意重，矢志不渝，1842年7月9日，在他三十八岁这一年，他迎娶索菲娅。婚后小两口径直从波士顿去往康科德，他们为度蜜月以一年一百美元的租金在当地租下爱默生家的古屋（拉尔夫·沃尔多·爱默生早先住在此处的时候完成了他的散文《论

自然》的初稿)。霍桑夫妇在这里待了三年，称之为他们的小小伊甸园。在后来的岁月，他们说再也不曾像在那里一般快乐。在房屋前面，亨利·大卫·梭罗为霍桑夫妇种了一片菜园作为新婚礼物，他们的果园和园圃为他们提供除肉类和牛奶之外所需的全部食物。霍桑本人成为了康科德超验主义者圈子的一员，圈子里有爱默生、梭罗、布朗森·奥尔科特、玛格丽特·福勒和埃勒里·钱宁。他在这个时期可谓佳作不断。索菲娅是个颇有天赋的画家，她在工作室里画素描。他们的女儿乌娜于1844年出生。霍桑为索菲娅从河里采来百合，从花园里摘来鲜花。她称霍桑为她的阿波罗，她的亚当，她的主人。“在我们结婚之前，”她写道，“我对婚姻能及的范围程度一无所知，只有真正结了婚的人才知道，对于倾心托付而言，这是多么美妙的手段。”她由于害羞，曾请求丈夫销毁她写给他的一封关于鱼水之欢的信，但他拒绝了，宣称“我做不到，也不会那么做……我确信没有凡人，除了我们自己，可曾明白那是何种欢愉”。

对页，上图：主客厅。霍桑和妻子租下带家具的古屋，他形容这套家具是“高背矮脚的风湿病专用椅”。
对页，下图：楼上书房的窗玻璃，玻璃上刻着霍桑夫妇的见解。在他们婚姻早期，他们还交替记日记。他们甚至还记下了他们第一次争吵，那是他们婚后一个月：在散步路上，索菲娅想抄近路，而霍桑不愿意。
上图：古屋原本的客厅，索菲娅很不喜欢。据说是因为她害怕玻璃橱里的雕鸮标本。

霍桑在这些年间写下的小说都属于他的杰出之作——其中包括《拉帕西尼之女》《胎记》和《天国铁路》。1846年他将这些作品收录成书，取名《古屋苔痕》——古屋便是他为租住的房屋所起的名字（由于这里曾住过多位牧师，与其说是房屋，不如说是牧师之家更为贴切）。为介绍此书，他写了文章《古屋杂忆》，内容取自他生活在康科德时期写下的日记，他在那里的岁月依旧跃然纸上。例如霍桑喜爱从事园艺活动：

> 每天早晨花一两个钟头照料一下就够了。可是我一天内总要去看它十几次，对着那些蔬菜儿女，深深沉思，爱护之心油然而生。别人未曾参与创造之功，绝不能想像到我心中的感觉，更不能体会我心头的爱。满山豆苗，穿土而出，或者一排早春的豌豆，新绿初着，远远望去，刚好是一条淡淡的绿线——天下没有比这个更迷人的景致。[1]

1 本章所引《古屋杂忆》中的内容均为夏济安译。

对页：霍桑的书桌。霍桑为自己制作对着墙壁的书桌（其实只是块木板，支座可折叠拆卸），而不是面朝窗外看房屋后面的河景。书桌在壁炉边上，提醒人们在这样的老房子里，作家往往要么感到太热，要么感到太冷。索菲娅从不在丈夫工作时进来打扰："我给自己立下规矩，绝不问他在写什么，一个字也不问。"

右图：主卧。墙上是霍桑的女儿乌娜的肖像，1844年3月3日，乌娜就出生在这一房间。霍桑写信给他姐姐说，婴儿"头先出来的，在今天早上九点半，经过了痛苦难熬的十个小时才来到这个世界……名字早就已经取好了——乌娜！很美的名字吧？乌娜·霍桑。乌娜·霍桑！真是美极了"。肖像由米尔斯先生画于英国，乌娜在那里居住，1877年三十三岁时早逝。

上图：厨房。索菲娅的父母担心她身体娇弱多病，雇请了一位年轻的爱尔兰厨师萨拉来为霍桑夫妇工作。
右图：早餐室。到了下午，索菲娅会在这个地方画水彩。

右图：主卧。索菲娅的嫁妆里有一套二手的卧室家具，可惜现在已经不在这里。她重新绘制了床架，床头板上是圭多·雷尼《曙光女神》的仿制画。新婚搬进这里时，她写信给母亲说："一切都清新得像初入六月。我们是亚当和夏娃，周围不见他人。"

在房屋背后不远处，流淌着康科德河，可以从霍桑的书房轻而易举地看见。他以七美元的价格，买下梭罗的"马斯塔基德号"——就是用于鼎鼎有名的康科德河和梅里马克河游览的那艘船——并重新命名为"百合潭号"，用来悠然泛舟水上：

> 一路之上，溪流是在入睡，它还在做梦，它梦见了天空，梦见了密集的树叶，阳光从枝叶缝中，像雨点似的落下来，点点滴滴，金光闪烁，气象活泼，和溪上的一派深沉幽静，正好作一对比……我们从一处深流滑到另一处深流，每一个转弯，就呼吸到新的安静的气息。羞涩的翠鸟，从附近的一根枯枝飞到远处的另一根枯枝，尖声发叫，不知是对我们这两个不速之客表示愤怒呢，还是惊惶。

霍桑还喜欢在冬季时到河上滑冰。爱默生和梭罗偶尔会陪他一起滑。索菲娅这么形容他们仨：爱默生"显然疲惫不堪，站也站不直，一头栽向前"，而梭罗"跳起赞颂酒神的舞蹈，在冰上欢腾跳跃"，她丈夫则"裹紧披风，像一尊兀自行进的希腊雕像似的，颇为严肃庄重"。

在房屋后部，楼上是霍桑的书房，"最令人愉快的书房小小一隅"，正如《古屋杂忆》文中回顾的当他初次到这个房间之时：

> 只见无数年代的烟煤，已经把墙壁熏得乌黑，周围挂满了清教徒牧师的画像，个个面目严酷无情，使得书房里愈发显得黑魆魆地阴沉可怕。很奇怪的，那些教会人物长得都狰狞如魔鬼，他们都尽毕生之力，不断地和魔鬼作苦战，耳濡目染既久，因此不知不觉中他们也长了和魔鬼一般可怕的黑脸。自从我搬来之后，这些画像都已撤走，墙上新油了一层黑漆，还糊了金色的纸，这间小小的书房，也居然使人耳目一新。窗外垂柳拂檐，下午西沉的太阳，掩映在柳绿之间，看来更觉悦目。代替那些面目狰狞的牧师像的是一幅拉斐尔圣母像的头部翻版和两小幅幽雅的意大利科莫湖风景画。

那些清教牧师的版画——其中一位还是异乎寻常的内斜视——都重新挂到二楼的楼梯过道，房间确实亮堂堂的，西面的景致透过九横九纵的窗格映射进来。不过霍桑为自己制作了张书桌，背对窗外的风景——没错，书桌面朝对过的墙壁，就在壁炉边上。通过调整装置在具有不同刻度的槽口上的支架，书桌的桌板可以抬高或者放低。他每天在那里写作四小时，然后走到镇上去取信件包裹，回来阅读报纸。然而，到了夏天时节，他就完全停笔，时间都用在阅读、干园艺活、划船和劈柴上。尽管生活充满种种幸福，但他的想象却总谛视着黑暗的事件。以《胎记》为例，讲述的是科学家艾尔默和他年轻的妻子的故事，妻子脸颊上有一小块红斑，他觉得有损于她的美貌，否则就是理想的美人了。霍桑将这个小小斑点的故事变成了一种隐喻:“这就是人性的致命缺陷，上天以各种形式将其烙印在一切造物上，不可磨灭。要么暗示他们是百代过客，命数有限；要么非得苦其心志，付出万般辛劳，方得至善。”艾尔默决意要让那块斑点消失，经过若干次试验之后，他成功做到了，但也因而杀死了他的娇妻。在此，如同他其他作品之中那样，他反复纠结于这一疑问:“我们怎么也无法摆脱这般过去吗？”

这个房间最稀奇又最动人的细节当属两小幅窗玻璃，夫妻俩在窗玻璃上用索菲娅的玫瑰花型切割的钻石订婚戒指刻写了片语。尽管他们有时外表看起来颇为严肃持重，这窗玻璃上刻的字却是对于他们浪漫嬉趣的见证。最顶端一扇窗玻璃上面刻的是“人的意外实则上帝的旨意。索菲娅·A. 霍桑，1843 年”。在这行字下面，一行有点颤抖的字迹写着“纳撒尼尔·霍桑。这是他的书房，1843 年”。然后索菲娅又起一行，这下人们可以想象他们并肩坐在那儿，透过他们自个儿写下的心得片语，看着外面的暮色:“最细小的嫩枝／全然斜对天空。”她丈夫插了一句:“我妻子所作，以她的钻石铭刻而成。”索菲娅最后的评价给挤到最底下的窗玻璃上了,“日落时分我丈夫所刻，1843 年 4 月 3 日。金光灿烂。S.A.H”。

古屋建于 1770 年，采用的是乔治王朝时期风格建筑结构，斜折线形的屋顶，盐盒式的单坡屋顶小房，房屋最初的主人威廉·爱默生牧师在 1775 年就是透过后窗，看见英国兵从旧北桥被击退。霍桑夫妇搬进来的时候,前面的门厅以 1810 年叫作“约瑟芬”的法国墙纸装饰墙壁，配备带帷幕的以错视画法图案修饰的窗帘。两只灭火用的皮质水桶悬挂在楼梯顶上的过道，镇上火警铃声一响就要派上用场。左边的小门厅也贴着花哨的法国墙纸,索菲娅一直都看不入眼。原屋主们在房间桌上的玻璃橱柜里保存着一只美洲雕鸮的标本，索菲娅感觉那只雕鸮的目光总是在房间里紧随着她。因此，他们改用门厅对过原本的卧室作为客厅。就这样一座各个房间面积都小的房屋而言,那可是个大房间。一架红木的斯坦威方形钢琴占据中心,家具都舒适宜人。房屋后面是厨房，霍桑夫妇增添了一座炉子，索菲娅的家人担心她应付不了家务活，特意给她请了个女仆。楼下后部的房间，早上他们用作吃早饭的餐厅，到了下午就成了索菲娅的工作室。楼上原本的主卧他们用做客房，在走廊对面，索菲娅将他们的新卧室装饰一新，刷以明亮的金黄色墙漆;床架、脸盆架和带镜衣橱都同样上色,因此整个房间金灿灿、亮堂堂的。在床头板上,她绘以古典神话中的场景画面。

他们的黄金天地,他们的伊甸园,在1845年宣告终结。房屋的主人塞缪尔·里普利想搬回来,霍桑自己有了小孩子,感觉自己需要稳定的收入来养家。他离开康科德到萨勒姆海关就职,去担任验货员。然而,七年以后,他成了大有作为的作家回到康科德来,花费一千五百美元,买下布朗森·奥尔科特的山坡之家。(那是路易莎·梅·奥尔科特和她的姐妹们长大的地方。)他将其重新命名为“道临之家”后,便安顿入住。不过接下去的那一年,他的朋友富兰克林·皮尔斯成为美国总统,由于霍桑在竞选活动中为他撰写了传记,为表示感激之情,他任命霍桑为美国驻利物浦领事。霍桑直到1860年才回到道临之家,这时他监督房屋扩建的施工建设,包括他的塔楼书房,里面有他站着写作用的书桌。不过并没有作品在此诞生。折磨他心神的,不仅是虚弱多病的身体,还有内战在即的苦闷情绪。多事之秋使得他的幻想天性遭到了严重摧毁。“目前、当下、现在的情况,看来对我影响太大,”他写道,“不仅夺走我粗浅的才学技艺,甚至连我发挥想象进行创造的念头都给打消了,留给我可悲的残余,去把上千个和平幻想丢进那将我们席卷裹挟其中的飓风之中。”就在一场令他身体条件每况愈下的疾病不断消耗他的元气时,几项新的写作计划已经启动,却无力推进。在他生命的尾声,尽管挚爱的家人关心有加,但他还是害怕等待着他的会是救济院,他去世的时候手头只有一百二十美元。不过人们并非因贫穷而死去。“人们最终死亡,”霍桑写道,“因为他们选择了不再为了区区几个片刻而劳心劳力、苦受折磨去与时间搏斗。”他同时间的搏斗,同随之带来的内疚的搏斗,依然活在他的小说之中。■

欧内斯特・海明威之家，基韦斯特，佛罗里达州

欧内斯特・海明威 1899-1961

尽管出生于中心腹地——伊利诺伊州的奥克帕克——芝加哥这一郊区曾被他形容为拥有“开阔的草地和狭窄的视野”，但欧内斯特・海明威年轻时对美国的了解其实不多。他们家出门旅行最远不过就是到密歇根州的北部半岛，他在学校也没有深入研究过美国作家。中学毕业之后，他离开家到堪萨斯城去当见习记者，不久便跃跃欲试想去参军——美国最终还是加入了发生在欧洲的大战，但他又担心视力欠佳会导致不够服现役的资格，于是参加了红十字会。一穿上带有红十字会正式标志的军装，他就立刻被派往驻意大利的一支救护车队。在腿部因战壕阵地的迫击炮弹碎片袭来而受伤之后，他回到家乡成了英雄，谈起勇气来言过其实，后来这也成为他小说中的标志，所谓的“压力下的风度”。他下定决心要成为作家，听他的启蒙导师舍伍德・安德森说起巴黎是适合他练习写作的好地方（成本低廉），他找到一份作为《多伦多星报》首任驻欧洲特派记者的工作就去了。此时海明威已经与哈德莉・理查森结了婚，他沉浸到了数十载后他在《流动的盛宴》深情回忆的难忘岁月。那是“迷惘的一代”的岁月，幻想破灭的年轻人不思进取，狂饮作乐。他结交格特鲁德・斯泰因、斯科特和泽尔达・菲茨杰拉德夫妇、杰拉德和萨拉・墨菲夫妇、约翰・多斯・帕索斯以及一众移居国外以寻求在美国国内不可想象的浪

对页：海明威写作室里一面墙的藏书和纪念品。
后页：怀特海德街907号的主门入口。在1932年寄给约翰・多斯・帕索斯的一封信中，他写道：“我很卖力干活。改校样一天能改出一大堆垃圾来，都丢到那些鳄梨树下去了，鳄梨树要长成参天大树了。还有一排酸橙树。再接着是一排杜松子。”

荡冒险生活的人。他四处游历，从巴黎的咖啡馆到奥地利的滑雪坡，再到潘普洛纳的奔牛节。安德森创作的文学范例，再加上斯泰因和埃兹拉·庞德提出的建议，帮助海明威打磨出了他独树一帜的风格——简洁有力，精准得不可思议，直截了当，讽刺而又难以忘怀。不出几年，他发奋写作出版短篇小说集《在我们的时代里》，这部作品第一次向世人宣告了他的惊人天赋，而后1926年出版的他的首部长篇小说《太阳照常升起》又进而巩固了他的声名。他说到书中的斗牛士罗梅罗——他“表演的是传统的技巧，就是通过身躯最大限度地暴露在牛面前来保持洗练的动作”——这番话同样也适合形容海明威自己遣词造句的方式，他简约的人物描摹，还有他创造的螺旋式上升的情感和事件。“没别的，只要写下真实的句子，”他曾说过，“写下你所知道的最真实的句子。”

随着事业上的起步，他的婚姻却开始破裂。海明威是个浪子，他头一个出生的儿子似是欢乐，也是累赘。看到苗条艳丽的短发女郎宝琳·法依弗，他游移不定的眼睛为之一亮，宝琳来自阿肯色州皮戈特一个富裕的家族，和她姐姐跑到巴黎来，她很快

对页，上图：宝琳极尽铺张浪费之事所建的游泳池。海明威自己绘制设计，但因为西班牙内战期间他要去当战地记者，无法监督施工。据说他们的裸泳聚会让邻里女人都感觉受到了冒犯，海明威于是叫人建起一堵高高的砖墙把地产围了起来。

对页，下图：海明威的皇家牌便携式打字机。

左上：二十世纪三十年代初期，海明威和宝琳在他们基韦斯特家中。

右上：供住在此处众多猫咪饮水之用的喷泉式饮水池。海明威从邋遢乔酒吧拿回来一个小便池，宝琳为其体面地贴上瓷砖。他宣称说："我已经往那池子里面冲了够多水了，我想至少也得从里面弄点什么出来。"

也盯上了海明威。没过多久，宝琳、哈德莉和海明威组建成了某种三角家庭，令哈德莉深感委屈懊恼，关系开始失去平衡。接着便是在巴黎分居，种种最后通牒和涟涟泪水，但哈德莉最终还是答应了；夫妻俩离了婚，1927 年 5 月 10 日，海明威和宝琳结婚。当时有两件事情凑在一起打乱了局面。其一是宝琳怀孕了，想回美国生孩子。其二是哈德莉找到了新的情人，决定和他一起搬回巴黎。整个城市突然之间变得让人不自在。他有些朋友已经离开巴黎，还有些朋友因他在《太阳照常升起》里面所描写的他们而生气。看来海明威是时候撤离了。意识到他对自己的祖国和名胜知之甚少——从佛罗里达的垂钓到落基山脉的狩猎——他决定回去。1928 年 3 月下旬，他们乘"奥里塔号"船前往哈瓦那，又从那里跨越九十英里到了基韦斯特。奥古斯塔斯·法依弗——宝琳的古斯叔叔——是资助他们的财神爷，有一辆崭新的黄色福特 A 型车等着他们。那在最初可是基韦斯特顶顶时髦的东西。

基韦斯特乌烟瘴气的，在接下来的几年大萧条中更是破败不堪。人口只有区区一万人，有一个海军基地和一座灯塔，不过打

上图：起居室，带有非洲特色。1933年，海明威和宝琳以及他们在基韦斯特的朋友查尔斯·汤普逊第一次造访非洲。就是在那个时候，他遇到曾为西奥多·罗斯福担当猎人的传奇人物菲利普·珀西瓦尔，这一次以及后来的狩猎旅游中他都为小说家做向导。放血杀戮让宝琳恶心作呕，海明威还得了痢疾，但他充沛的精力和狩猎技能丝毫不减。

才彻底搬过来。一年后，他们找到了合乎心意的房子，古斯叔叔花费八千美元买下房子作为礼物送给他们。房屋需要加工修缮，但海明威很开心。"这是座大房子，"他写信给一位画家朋友说，"你还记得从灯塔出来道路对面的那房子吗？看起来很像郁特里罗的漂亮画作，对，就在那座房子和米洛农庄之间。"

房屋由阿萨·蒂夫特建于1851年，这位当地商人和海上打捞救援者深知飓风的危害，因此决意要造坚实牢固的房子。房屋建在矮山坡上，山坡上的石灰岩已经被采石场就地开采挖走，因此底下有个九英尺深的地下室，这在佛罗里达南部相当罕见。（海明威将其用作葡萄酒窖。）以基韦斯特当地的标准来看，这座西班牙殖民风格的房屋气势雄伟，矗立在开阔的地块上，最终由繁茂的树木完全围了起来，包括竹子、印度榕、垂榕、龙血树、凤凰木、红毛苋，以及各种各样的棕榈树——圣诞椰子、银棕、华盛顿扇叶葵、西谷绿椰子，等等。上下两层都有阳台环绕在外，所有房间都带观景大窗。宝琳负责监督房屋的翻新整修工作。墙壁重新粉刷抹平，供电线路和地板重新铺设。天花板上的风扇替换成枝形吊灯。原本位于户外的厨房移到室内，厨房的长台右图：写作室。几年以前，他寄给他难以取悦的母亲一本《太阳照常升起》，母亲不以为意，他写信给她说："我知道我写作并没有让你丢脸，倒是在做有朝一日让你引以为傲的事情……如果你想为我自豪的话，有时候你是可以为我自豪的——不是因为我做了什么，反正我好事并没有怎么做成——而是因为我的作品……你不明白，我得知母亲为我感到丢脸时心里是什么感受，其实我知道自己在做什么，就像你知道天上有一位神明一样，并不丢脸。"

面进行加高处理，方便海明威处理鱼肉和下厨需要时之用。房屋后面还有外屋，楼上曾是马车房和仆人居住区，这下改建成了作家的工作室，起初通过一条狭窄的人行通道连到房屋来。宝琳为作家打造了一片舒适的工作区域，四墙是成排的书架，书架上方挂着几个羚羊头和一只大海鲢。屋里放着一把阅读椅和一张圆形写字桌。拉到写字桌边上的那把椅子曾经属于一位古巴雪茄制造商。海明威的老式皇家牌便携式打字机就摆在桌上，尽管实际上他宁可一字一句手写下来，然后让别人（经常是宝琳或是后来搬到基韦斯特住的他妹妹）将他的手稿打出来。虽然他常出去旅行，时有意外遭遇，又热衷狂饮作乐，但总体说来他是位严守戒律的艺术家，每天八点就坐到书桌前，整个上午都用于写作。他把收效甚佳的时日称为"写掉七支铅笔的早上"。海明威最好的作品就有一部分写于这个房间。在此写下的头两本书其实和写作之地毫不相干。《死在午后》（1932）是他致敬斗牛之作，设定在他发现尊贵死神击败牛和斗牛士的斗牛场。他接下来写的作品《非洲的青山》（1935）讲述的是他在东非游猎的英勇事迹。不过两年后，他三则篇幅较长的哈里·摩根系列短篇小说以《有钱人和没钱人》为题出版，呈现了对于走私、飓风、贪婪和谋杀的生动描摹。（根据小说改编的电影剧本由威廉·福克纳合写。）《丧钟为谁而鸣》亦是起笔于此处，同样在这个房间，他还写了他最受好评的一些短篇小说，包括《乞力马扎罗的雪》和《弗朗西斯·麦康伯短促的幸福生活》。

宝琳是极为讲究生活品质的女人。人们经常看到她精心穿戴，洒好香水，到码头迎接海明威的钓鱼船“比拉号”，拥抱出海几天归来满身污垢的作家。她出色的品位——她曾任巴黎《*Vogue*》杂志的编辑，后来在基韦斯特创办了一家室内装璜公司——完全决定了房屋的样貌。她从巴黎海运过来她这些年间收集的一件件西班牙古董和人工吹制的威尼斯玻璃制品。长方形的起居室直抵房屋的右侧，起居室内除了宝琳的写字台之外，还有一套切尔卡西亚胡桃木材质的十七世纪西班牙子母五斗橱。门厅和餐厅位于左侧。一张沉甸甸的西班牙餐桌和几把椅子占据狭窄的餐厅中央，这里有壁炉和餐柜，为了与宝琳精美的穆拉诺玻璃枝形吊灯相匹配，海明威贡献了一个安装好的角马头。餐厅后面是早餐角，海明威两个年纪稍小的儿子帕特里克和格列高利在这里吃饭，以免客人们看到。早餐角再过去就是厨房。

楼梯上去，起居室的上面是主卧。定制大床的那块床头板曾是西班牙一座古修道院的大门，上方挂着米罗的《农场》。房间里的两把小椅子也都是西班牙古物，分别是助产婆和产妇的座椅。边上有只镶嵌着陶砖的墨西哥大箱子。箱子上曾经摆放着毕加索创作的一尊小猫的雕塑，那是艺术家送给海明威和他第一任妻子的礼物。浴室既宽敞又考究。整个套间感觉非常通透，四墙大多被窗户占据，从阳台向外眺望，越过一片郁郁葱葱的植被，可以径直看见基韦斯特的灯塔，就仿佛从船头看出去似的。走廊另一边是儿子们的房间，后面则是一个带壁炉的小屋，给保姆艾达·斯特恩住的，孩子们上学以后，那里同时也用作缝纫室。这房间外面的盥洗室在当年是整个佛罗里达州南部唯一位于二楼还能使用的的盥洗室。基韦斯特直到1944年才通自来水，但海明威在屋顶安装了一个容量达五百加仑的贮水器，而为了达到奢华的效果，宝琳还在盥洗室地上贴满装饰派艺术的瓷砖，瓷砖上绘制了抽象的鱼和鸭子的图案，黄色、黑色、白色，各色都有。

通往房屋后边的走道以从巴尔的摩经船运而来的砖块铺就，这种砖块用于铺设城市道路，海明威在1935年买下大量这种砖块，叫人建起一堵砖墙把地产围起来，既保护隐私，又免得年幼的儿子们到处乱跑。一片混凝土天井遮住了原本的贮水器，混凝土上还隐约可见猫的爪印，那是他养在宅地四周的大名鼎鼎的六趾猫留下的。天井一端实际上是猫咪的喷泉式饮水池。只见水从一只购自古巴的西班牙大油瓮顶上哗哗往下，流入水槽，那水槽曾是邋遢乔酒吧的小便池。为谨慎起见，宝琳也给它铺上了瓷砖。其实，宝琳一直竭尽所能，努力掩盖他们婚姻中日渐扩大的裂痕。她保持自己形象始终是金发碧眼，身材如男孩子般纤瘦，而且对出现的问题都尽量不惜挥金解决。曾有一次，她丈夫在西班牙报道内战，而且已经迷恋上另一个女人，这时候她建造了一个与他写作室毗连的游泳池，基韦斯特有史以来所建的第一座。相传他回来以后，听说泳池耗费的造价之后大为震惊（高达两万美元，是房屋本身购价的两倍半），他从口袋里掏出一分钱丢到地上，跟宝琳说："你把我这最后一分钱也拿去吧。"她绝顶聪明地把这一分钱嵌在水泥地上它落下的位置，上面又加盖以一层玻璃——或许，是要特别提醒她自己，一切都是她的家族出的钱。

当然，到了最后，钱也帮不上忙了。1936 年一天傍晚，坐在邋遢乔酒吧里，海明威一眼就注意到一个游客，她一头金发，颧骨高耸，嗓音喑哑，极为妩媚动人。她名叫玛莎·盖尔霍恩。酒保后来说，这一对人让他联想到美女与野兽。不过，那天晚上海明威没有回家吃饭。盖尔霍恩是小说家及出色的记者，是埃莉诺·罗斯福和 H.G. 威尔斯的朋友。第二年春天，海明威乘船出发去西班牙当战地记者，她与他同行。在差不多两年时间里，他穿梭于两个女人之间。无可否认，他年少的儿子们使得他割舍不断与宝琳的关系，时间之长超出了他原本的预期。最后，在 1939 年，盖尔霍恩在哈瓦那郊外租了一栋别墅，比西亚庄园，也叫"瞭望山庄"，海明威跟着她搬进那里居住。这前前后后期间，宝琳给他写了很多兴致盎然的信件，仿佛一切如常。然而据她的儿子帕特里克回忆，有一天，在随她丈夫到朋友的怀俄明牧场做客时，她感觉不舒服，开箱子取东西时，发现她最喜欢的一套衣服的蜡质纽扣融化，还渗入布料里头。她哭了起来，并且哭个不停。小小年纪的帕特里克用尽办法也安慰不了她。恼怒不已的海明威打电话安排人把她和孩子们载回东部，让玛莎过来陪他，这时候她还泪流不止。他和宝琳在 1940 年 11 月 4 日离婚，就在《丧钟为谁而鸣》出版两周之后，他把这本书献给玛莎，过了两周之后他就娶了她。

海明威生性骄傲自大，酗酒无度，对历任妻子和多数朋友都不好。没有人够得上他的标准，他经常要证明自己的男子汉气概，以至于有些人质疑他的动机。有一回，听说诗人华莱士·斯蒂文斯在基韦斯特一场聚会上骂他是傻瓜，他立刻冒雨冲到聚会上，结果发现斯蒂文斯刚要离开。两人你来我往了一番拳头，海明威把诗人打进了水坑。斯蒂文斯费了半天劲才爬起来猛击了海明威的下巴一拳，结果这么一来却把手都打骨折了。两人第二天和好了，但大量的轶事都反映了海明威对抗整个世界好让他大男子气概的神话保持打磨常新。他年纪越大，朋友越少，攀附逢迎的人倒越多。然而，他人生中为数不多的不变之处，就是他在基韦斯特的家。他并未变卖该处房产，还常回来看看。即便是宝琳去世后，他还带他第四任妻子玛丽·威尔士前来逛逛。他余生的二十年再也没有像在基韦斯特那样顺畅淋漓地写出佳作：他在那里生活稳定有序，在工作和享乐之间平衡得很好。1954 年授予他的诺贝尔奖所给的授奖辞颂扬他"精通于叙事艺术"。在他寄往斯德哥尔摩的致谢辞中，他说起所谓精通那不为人知的另一面："写作，在最佳状态，是一种孤寂的生涯。"■

向阳居，塔里敦，纽约州

华盛顿·欧文 1783-1859

1783年，华盛顿·欧文出生于纽约城。这一年签订的巴黎条约结束了美国独立战争，乔治·华盛顿辞去总司令一职，大陆军解散，英军撤离纽约。同样在这一年，第一张美国地图得以绘制面世，美国第一份新闻日报开始发行，诺亚·韦伯斯特完成他影响深远的《美国拼写课本》。这个新成立的国家人口约为两百四十万，彼时从费城到巴尔的摩这九十英里路程耗费了托马斯·杰弗逊五天时间。

对页：欧文的书房。在十九世纪中叶，这个房间变成了一处圣坛，欧文桌上的雕刻也广为流行。书桌系1856年赠送给“向阳居的乡绅”的礼物。他的几位侄子作为他文学工作助手，会坐在他的书桌对面。欧文在桌上存放一套摩尔人的匕首，纪念他在西班牙的那段岁月。1828年，他给朋友写信：“就我而言，收到信件是无与伦比的快乐，但对于我这种生性随意的人来说，回信却是痛苦万分的沉重负担。我有时候在想，等我们上了天堂以后，最大的幸事之一就是收到各方来信而无需回复。”

左图：作家书房里的书桌。

欧文之所以叫华盛顿这个名字，是为表达对当时伟人的敬意。据传他六岁时，跟随来自苏格兰的保姆在曼哈顿散步，在一家书店里遇见了乔治·华盛顿。保姆带着孩子走向那位高大威严的人，大胆开口说：“大人，这娃娃取的就是您的名字。”华盛顿伸手摸了孩子的脑袋——也正是在这一年，他宣誓就职出任这个国家的第一任总统——并表达了对孩子的美好祝愿。这既是预兆，也是祝福。

美国独立战争之后那些年，新兴的美利坚合众国文化生活欣欣向荣。乔尔·巴洛气势磅礴的

左图：欧文想要如画的风景，而且看起来浑然天成，不假人手。

下图：1856年所摄照片，时年七十三岁的欧文坐在向阳居的入口。他早在十九世纪四十年代就栽种了紫藤，彼时尚属有毒的植物，长椅由古韦纳尔·肯布尔制作。欧文还在房屋东面种了从苏格兰梅尔罗斯修道院移植而来的常春藤。

对页，上图：向阳居正面景色，既可见其混合建筑风格，又可见后来在主屋之外加建的部分。

对页，下图：侧面门廊，或称侧面阳台，作家和来客常坐在此处欣赏哈得孙河壮丽风光。

后页：厨房。1836年到1860年间，向阳居里差不多有三十六个仆人，多数是来自爱尔兰的移民。全职仆人住在家里，其他人则是临时工。

叙事诗《哥伦布的远见》于1787年问世，获得了近如华盛顿、远如路易十六的一致欣赏。艺术家、作家、发明家和探险家人才辈出。他们无一例外都延循了欧洲的范例，但他们的成就却受到欧陆名家的无视。即便到了1820年，有位英国评论家还嗤之以鼻："普天之下，有谁会读美国人写的书？"具有讽刺意味的是，确实就是在这一年，世人果真关注起了这么一本美国人写的书。华盛顿·欧文的《见闻札记》在美国和英国两地都出版面世，该书汇集故事和散文于一身，常被视为短篇小说作为一种文学类型的开端之作。评论反响热烈，读者面广人多。欧文当时住在伦敦，在城里备受推崇，上流社会沙龙全都向他发出邀请。每个人似乎都想会一会塑造出了瑞普·凡·温克尔和伊卡博得·克莱恩的作者。就这样，欧文被誉为第一位美国文人。

他生于独立战争宣告结束之际，卒于南北战争一触即发之时，但决定他人生轨迹的，是1812年战争。他在家中十一个孩子中排行最小，倍受宠溺。父亲和哥哥们经营家族进口生意，在纽约和利物浦都设有办事处，但1807年的禁令使得海运中断，商业贸易萧条，战争本身严重削弱了美国在英国出口产品上的利益。因此，1815年，欧文被派往英国拯救家族公司，以期恢复其良好声誉。他此前也出过国，十年前，他的哥哥们担心他的身体健康，也注意到他的文学爱好，资助他到欧洲游览，在那期间他尽情沉醉于历史和戏剧的世界。他早先接受过律所从业训练，也已经为报社供稿。等他从国外回来，他意识到他没有兴趣当律师，经人劝说转而写了关于纽约的讽刺性的历史导览。《纽约外史》以迪德里希·尼克博克的化名于1809年出版，当即大获成功，还发明了一个纽约人至今依然还在使用的绰号。在曼哈顿的

这些年，他到哈得孙河谷拜访朋友，那是他小时候学会捕猎花鼠、徒步穿过树林的地方。后来，他宣称是自己运道好，得以出生在哈得孙河岸边，尽管他其实是指位于下曼哈顿挤满航船的码头。从一开始哈得孙河就流淌在他的血液之中，虽说在国外待了十七年，1832 年回来以后，他的思绪很快就飘回了哈得孙河。在欧洲那些年相当忙碌，他热切学习各国语言和历史，着手撰写新的小说和历史作品。西班牙尤其给他带来灵感，那里文学遗产丰厚，景色迷人。他的《哥伦布的生平航行》（1828）、《征服格拉纳达》（1829）和《阿尔罕伯拉》（1832）都是他浸淫西班牙历史和传奇的见证。在此期间，他作为美国使节担任外交官职位，积累了重要的政治经验和关系往来。即便在国外，他也在美国文学史上发挥了决定性的作用。1846 年在伦敦时，他听到对赫尔曼·梅尔维尔首部小说《泰比》手稿的朗读，便帮助安排小说出版，后来他又资助威廉·卡伦·布赖恩特出版诗集。他说服约翰·雅各布·阿斯特兴建纽约公共图书馆，在西班牙接待了年轻的亨利·沃兹沃斯·朗费罗，1827 年朗费罗写信回去给他哥哥说欧文“片刻之间就能让你轻松融入他们。他与人打交道完全没有虚礼客套——当然他在社交中极有风度——欢声笑语，富于幽默。他样貌气色极佳，与此同时又一脸理智睿哲，但谈话间偶有磕绊和迟疑，嗓音喑哑特别，轻声说着令人愉快的话题”。

到 1831 年，他的文学声誉已然难以撼动，他开始听到一些国内流传过来的闲话，说他已经抛弃了祖国。他被这传言激怒了，很快乘船回国。仿佛是为了证明自己，他与安德鲁·杰克逊总

左图：由克里斯蒂安·舒塞勒绘制于1863年的名为《华盛顿·欧文及其文学界朋友在向阳居》的油画。这是一场想象中的聚会。欧文坐在当中，环绕他身边的人之中包括奥利佛·温德尔·霍姆斯、纳撒尼尔·霍桑、亨利·沃兹沃斯·朗费罗、拉尔夫·沃尔多·爱默生、威廉·卡伦·布赖恩特和詹姆斯·费尼莫尔·库珀。
下图：入门走廊。

对页：宴客餐厅。朋友们的肖像画装饰于墙上，曾光顾此处餐桌的贵宾们包括后来的拿破仑三世、奥利佛·温德尔·霍姆斯、马丁·凡·布伦。筵宾聚会时，会摊开一块红色的毛毡"面包屑垫"铺在桌子底下，以保护铺满全屋的贵重地毯。有套珍贵的法国产的甜品瓷餐具曾是欧文的侄女萨拉·帕里斯·斯托罗的器物，她于1841年结婚迁居巴黎。

统和他的好友马丁·凡·布伦一起进餐后，就向西前往印第安地区旅行，狩猎野牛，吃臭鼬肉。回来以后，凡·布伦请他担任顾问，他创作的《大草原之旅》再次大获成功。不过到五十二岁这一年，他饱受充血性心脏问题和哮喘的折磨，无休无止的旅行和文学创作使得他疲惫不堪，因此感到有必要安顿下来，这下他再次将目光投向哈得孙河谷。"我在某种程度上可算是个空想家，"他曾写道，"我发现我最强烈的乐趣，源自在稀松平常的现实之上想象出来的幻觉。"1835年，他买下塔里敦一座不起眼的两室小楼和十英亩地，房屋原属于一位名叫本森·费里斯的种植小麦的农夫，欧文付给他一千八百美元买下此处。

《睡谷传奇》里的叙述者对塔里敦这个名字有过一番戏谑："名之所由来，人言有村姑嫁夫，夫嗜酒，每渡河，必洪醉于河濒酒肆中，故曰逗留之镇（即塔里敦）。"其实，塔里敦源自荷兰语 tarwe 这一单词，意为小麦，小麦很可能是被带到此处以待售卖。沿哈得孙河这一广阔的地带，面积超过五万两千英亩，曾经种植小麦，而欧文买下的房屋正是原本菲利普斯堡庄园许多佃户中的一家的农舍。"此地风景秀丽，"他写道，"可以打造成一处小小的天堂。"为了达成这一目标，他聘请建筑师乔治·哈维，

左图：侄女们的房间。欧文的哥哥埃比尼泽有五个女儿，其中两个为凯瑟琳·欧文和萨拉·欧文，作家终生未婚，因而两个侄女掌管家中事务。“华叔叔”很宠爱她们。她们亲手制作的手工艺品——绉丝和缎带活计，绗缝、织网和刺绣制品——在家里四处可见。当另一个侄女萨拉·帕里斯搬到欧洲去时，欧文非常悲伤：“她和这座别墅及其内外大小事务可谓息息相关，在宅第建造和家具配备过程中，她为我出谋划策，自从我建成这房屋以来，她就一直是立家的支柱。我没法想象，少了她如何是好，这地方每一条小径、每一棵树、每一片灌木、每一朵花都或多或少关乎她的理念，而她都不在这儿了，我对此如何能安心自处呢。所以你看吧，尽管我是单身汉，可也注定要经历儿女遥娶远嫁之时父母们所感受到的不舍。”

对页：客房。

LIBERTYVILLE·ULSTER·COUN

对页：欧文的卧室。联邦式高柱床架制作于1810年前后，是他父母传下来的。“就我来说，”他在一封信中提到，“我一直在室外活动，成天在花园和牧野忙乎，除非因为下雨压根儿没法出去——所以到了晚上我已经疲惫不堪，在起居室看书时往往打起盹来，不过那样我夜里睡得香甜，因此向来都是挺值得的。”卧室里还有一个样式精美的带有三角楣饰檐板和拱门的衣柜，以及一把机械椅可让他斜倚其上。卧室的壁炉上方，他挂了阿里·谢弗一幅名为《基督的慰藉》的版画。

右图：欧文的瓷质刮胡碗和镜子。

他们一道制订方案，改造农舍及其周边的土地。他哥哥埃比尼泽不久前丧妻成了鳏夫，带着五个女儿，想搬来和欧文一起住，因此欧文要对房屋进行扩建。欧文终生单身——据说他始终耿耿于十七岁就与他天人永隔的未婚妻玛蒂尔达·霍夫曼的早逝之痛——这下他体验了掌管一个家庭是什么概念。

在某种意义上，这座完工之后被命名为“向阳居”的房屋，与作家自身的经历颇为彼此相似，都集合了欧洲的基调和纯粹美国的奇思异想。烟囱采用英国都铎式设计，屋顶是荷兰样式的阶梯状防护山墙，前门用的是罗马式的拱门。还有西班牙修道院塔楼（加建于1847年）、意大利式阳台和法国式门户。在房屋西面，他在灰墁上嵌入一块装饰精美的铁片，铁片上注明年份：1656。人们猜想或许这只不过是他在表明一种思乡怀古之情。不过那也是他浪漫天性的一部分。在他客居海外的漫漫岁月间，他沉浸于欧洲浪漫主义之中，因而想要在家乡寻求再现那不可思议的奇观。最能表现这一切的莫过于向阳居的庭院。本土的树木——铁杉、悬铃木、云杉、七叶树——遍地都是，伊利运河的出现使得人们能根据种子目录进行订购，引进国外的物种。欧文由此让人种植了郁金香、荚蒾甚至竹子。他搬来土壤和水：房屋附近增设了由滩沿改造成的草坪，视觉效果大为不同，再远处，池塘拓宽，增加了一个小瀑布。欧文希望地产成为一系列“户外空间”，随着人漫步于庭院之上，小径阳光斑驳，一步一景，或溪流哗哗，或风声簌簌，忽然壮观的河流以及河上光照之下或雾蒙之中的货运景象跃入眼帘，每一样景致都以其作为自然野趣的例证令访客难以忘怀。

最为壮丽的景象自然是哈得孙河本身了。欧文的客厅、餐厅和他的卧室——房屋之中最好的房间——都面向河景。他和来客会在饭后在侧面门廊，或者说阳台，小坐一阵，欣赏塔邦希的浩瀚广阔，那是哈得孙河一截宽阔的河段，水花因湍流而起。十九世纪中叶他们所凝神远眺的景象，在《睡谷传奇》中有着最佳表述，那是欧文搬到塔里敦之前几年，基于他对此地河景和云图的理想化回忆所写的，但依然极为准确到位。如今到向阳居的访客，若经受过哈得孙河派

石屋，卡梅尔，加利福尼亚州

罗宾逊·杰弗斯 1887–1962

对页：鹰塔里的一个房间。塔在一定程度上仿照了卡尔·荣格位于苏黎世的波林根塔和威廉·巴特勒·叶芝的图尔巴列利塔。世人往往会有浪漫的联想，以为杰弗斯就是在塔里写下他那些汹涌澎湃、粗犷质朴的诗，其实他是在石屋楼上他的卧室里写作，在一张并不面对着海洋的桌子上。鹰塔全然是乌娜的天地，在杰弗斯心里，鹰塔是他表达对她挚爱灵魂的致敬之作。

1932年，罗宾逊·杰弗斯出现在《时代》杂志4月4日号的封面，正值他声名大噪之际。封面照片展现了他敞口衬衫和外套之上那英俊而又深沉忧思的侧影。许多人都为他严峻的外表所震慑。他少言寡语，嗓音低沉严厉。有朋友发觉难以直视他蓝灰色的眼睛，“因为不知不觉，他的两眼就看穿别人,看向远处。这情况要是发生了就很可怕,让人不安,因为被他看过以后，会感到孤立无助，感觉完全暴露。他似乎和我们所有人都那么疏远，那么有隔阂”。有一次，他被召去为一场凶杀案的审判履行陪审员义务，却遭到辩方律师的反对，因为他的表情显露出残忍的样子。然而，准确的说法应该是超然，而非残忍。“我从未曾见过哪个人，”洛伦·艾斯利回忆时说，“见过短暂一面，就给我留下如此强烈的印象，让我觉得我刚与超乎时间之外的人交谈过，那是即刻就会从周围石头和松木中隐遁的神使。”

在《时代》杂志封面那张照片上，杰弗斯身后是若干巨大的花岗岩石块，他建造石屋用的就是花岗岩。那是一项不顾习俗惯例又挑战自然的苦差事，不过最终回报他的，不仅是一个家，更有他真正的诗歌风格。他一直想成为诗人，但摸索了很长时间才找到适合自己的路，他于1912年自费出版的第一本诗集《酒壶与苹果》显得古板过时、缺乏独创性。1914年，他

左上：从房屋后面的香草园出来通往大海的门。“在我身体里，”他曾写道，“有一只眼睛，比生命更古老、更坚硬，不带偏见，在有海洋之前这眼睛就已经在观察。”他向大海感发，他说那眼睛“看着你以稀薄汽雾凝结而成的水填满海床……看着你温柔而又猛烈，冲蚀边界，侵噬岩石，与连绵陆地交互变换”。

左下：罗宾逊·杰弗斯和诗人埃德娜·圣文森特·米莱在鹰塔前，1930年。

对页：客厅一端是属于乌娜的角落。这里有她的书桌，上面摆放着她最喜爱的诗人威廉·巴特勒·叶芝的照片。

对页：1930年加建的大房间，打算作为正餐厅以及安排文娱活动的场所。为此，设置了一处小小的音乐楼面和一台维克多牌手摇留声机。

而后在医学院注册学习，后来又到林业学校学习。对于1906年他初次遇见的那位已婚妇女乌娜·考尔·库斯特——他认定的灵魂伴侣，他也是热情如火。他们历经七年的分离之苦和法律事务的折磨，最后终于结为夫妇。尽管他们的婚姻后来也遭受到他移情别恋和她醋意大发等考验（她曾试图以自杀来让他回心转意），但还是善始善终，成为诗人生活和工作的坚强基石。“我生性冷漠驽钝，”杰弗斯曾写道，“是她关注并激发了我的个性，让我看见世界，带给我胆识和同情心……她更像是苏格兰歌谣中的女人，激情饱满，桀骜不驯，英勇无比——或者说像是一只猎鹰——而非普普通通的一个人。”

在他和乌娜搬到卡梅尔之前，这个地方也曾吸引过其他作家。罗伯特·路易斯·斯蒂文森在这里住过一段时间（据说他在卡梅尔的海滩上为后来创作《金银岛》收集了不少细节素材），杰克·伦敦也是（他在此建造了一座房子，但几乎没多长时间便被烧毁了），在杰弗斯的时代，那里有着成群的艺术家。不过杰弗斯有一份信托基金作为生活保障，就尽可能离群索居，只同周围的自然环境合为一体。据杰弗斯自己记述，他此生第一次看到“人们生活在如此壮丽的原生态风景之中——仿佛他们生活在田园诗或者传奇里，又或是在《荷马史诗》中的绮色佳。生活在这里，

尘世那短暂积聚的一切得到了净化。人们骑马放牧牛群，或者躺耕于畦头，近旁有白色海鸥盘旋，如同几千年以来的那样，今后的几千年亦是如此”。他和妻子以及双胞胎儿子唐南和加斯一起搬进新居，房屋里有自来水，但没有暖气。全家人都在周六洗澡，一锅锅热水从炉灶端到浴盆去洗。家里没有通电，没有通煤气，也没有电话。日常生活一成不变，全家睡在楼上的阁楼，同样也是在楼上——背对太平洋的一切风景——杰弗斯每天早上奋力写作。饱餐一顿热腾腾的午饭之后，他会在房屋和庭院干活。经年累月，他在地产上种植了差不多两千棵树——桉树、蒙特雷松树和柏树。他一直继续扩建家园，先是建了一个车库（很快就被暴风雨掀飞了屋顶，他这才意识到需要先建好扶壁），还建造了一间大餐厅，第二座房屋也开了工，更建造了闻名于世的鹰塔。杰弗斯造房子的时候——工作辛苦而振奋人心，一天三四块大石头就算是有进展——乌娜就打理她保留在院子里的花园。作为崇拜英国的人，他们喜欢有野趣的花园，种植传统老派的玫瑰花和诸如薰衣草、迷迭香和天竺葵等芳香植物。晚饭后，孩子们被打发上楼睡觉去了，乌娜和罗宾（他给这么称呼）会在客厅坐着朗读诗歌，啜饮他们家酿的柑橘酒。

诚如人们所期待的，毗连暴风雨肆虐的海洋而有一个壁炉可以取暖，石屋里的房间可谓温暖舒适。起居室整体镶嵌红杉木和冷杉木墙板，被烟熏得发黑，地上铺有旧的基里姆地毯。壁炉由本地开采的沙岩砌成。占据房间显眼位置的是一架斯坦威钢琴，墙上挂着乌娜小时候的画像、家人的照片、圣像以

左图：鹰塔内部和外部的景观。建筑结构具有象征性，与此同时又非常实用。杰弗斯和乌娜在鹰塔四处放置象征女性权力的标志：在一处壁龛内放了身穿黑色天鹅绒服饰的印第安妇女古老的玩偶；另一处壁龛则有以楔形文字铭刻向伊师塔女神祈求的祷告辞的巴比伦瓦片。

对页：鹰塔中乌娜的书桌，她丈夫的肖像在边上看着她。在她去世后，诗人伤心欲绝。他试图借酒浇愁——一天一瓶威士忌，一周三加仑红酒。他也试图以写诗来麻痹自己。其中有一首诗说：“而我／像一棵树叶落尽的树，慢慢等待死亡／等待树根腐烂，等待树枝凋落。”

朱厄特之家，南伯威克，缅因州

萨拉·奥恩·朱厄特 1849–1909

萨拉·奥恩·朱厄特出生于这座房屋，也在这屋里去世，但早在她的时代以前，这儿就以朱厄特之家闻名。她的祖父，西奥多·弗伯·朱厄特在1834年买下这座房屋。他出生于1787年，少年时就逃离家庭，坐捕鲸船出海冒险。他后来还和英国人打过仗，被俘囚禁在达特穆尔监狱。到1812年战争之后，他拥有了一艘船并且成为富裕的商人——买下城里最大的房子。当时房屋本身被称作希金斯楼，由约翰·蒂利·希金斯于1774年所建，希金斯是所谓河流社团的成员，富有的绅士在作为缅因州与新罕布什尔州分界线的皮斯卡塔夸河周边区域建造了宏伟气派的宅邸。当地有传闻说，整整三艘船的木匠花费一百天时间建成了这座房屋。不论传闻有多少真实成分，屋里屋外的种种细节都佐证了高超的木工技艺，凹槽的柱子，精雕细刻的栏杆扶手，压花的飞檐，精致的楼梯端柱，镶板的墙裙——处处都是精湛的工艺。等转到朱厄特船长手中掌管时，他又进一步装饰美化了房屋，贴上法国壁毯和墙纸（有些还镶有云母），摆放他旅行带回来的各色极具异域风情的纪念品。那些装着精美瓷器的摆设柜、高脚五斗橱、地

对页：客厅和厅里的小型立式钢琴。朱厄特曾与一位前来采访的记者谈及她对南伯威克家的喜爱："我出生在这里，希望也在这里故去，留待丁香花丛依然常青，所有的椅子都放在原位不动。"家族代代传承居住于此，因而房屋成了置纳宝物和时代风格的百宝箱。绒面墙纸产自法国，早在十八世纪八十年代就被贴到墙上。

左图：典雅大方的朱厄特之家，原本称作希金斯楼，1774年建于缅因州。

毯、皮质装帧的书和亚当斯镜子，都赋予房屋一种舒适宜人的地方上的显赫派头。萨拉·奥恩·朱厄特的名字取自她的祖母，在她出生时，这座房屋里住着她的父母、姐姐玛丽、她父亲的弟弟威廉、她的祖父及其第三任妻子，还有她的曾祖父。不到一年，她父亲决定在“大宅子”的花园那头为他自己的家庭建造一座小房子，他们一家四口——后来又加上了出生于1855年的第三个女儿卡罗琳——搬到了草坪那一侧。这么一来，这里就成了家族复合

对页，上图：入口门厅。门厅开阔的空间和气派的楼梯表明屋主的雄厚财力。在她所作的小说《深港》中，朱厄特有过描述：“……楼下的厅美轮美奂，一道拱门将其一分为二，墙上各式各样的镶板，两端各有一道大门，可以看到前门的丁香花和后院的李子树相互点头鞠躬，顾盼致意。”高处楼梯上的帕拉弟奥新古典主义风格的窗户视觉效果别具一格。

对页，下图：房屋的后部以及花园入口。朱厄特和姐姐玛丽都热衷园艺，有时候会在忍冬攀缘的格子棚架拱道下用餐。

右图：楼上走廊的书桌，位于可以俯瞰全镇的中央窗户边上，朱厄特就在这里写信与人鸿雁往来。例如，一封写给友人萨拉·诺顿的信中说：“回到家后我一直很忙，主要就是在这张古老的书桌上忙碌。已经有许多鸟儿了，旅鸫和歌雀都来了，但山上还有些时日已久的雪堆闲坐守望着。”

房屋群。

上图：藏书室及其中央的桌子，相匹配的书橱，用花砖装饰的壁炉。墙壁粉刷成庞贝土红色。朱厄特的父亲自一开始就鼓励她读书。肖像画中的女人（见对页上图）就是朱厄特本人。

朱厄特小时候既活泼好动又体弱多病。她醉心于自然世界，在家附近的树林里探险，收集老鼠、乌龟和昆虫。她喜欢溜冰和滑雪橇，喜欢远足和骑马。她童年时代这里可谓风景如画。皮斯卡塔夸河（“直角之河”）流往纽威查瓦努克瀑布（“我的棚屋区”），又流往夸姆佩阿干湖（“钓鱼的好地方”），在村庄里就能听见瀑布的回声。再过去则是遥远的群山，野花星星点点撒落的原野，以及四散延绵的松树林。她的姐姐玛丽比她大两岁，在学校表现出色，而朱厄特只不过是个表现平平的学生。即便还是个孩子的时候，关节炎就已经开始折磨她——后来更是纠缠她的成年生活——经常导致她无法去上学。不过因祸得福，那却变成了比在课桌前更有裨益的时光：朱厄特被父亲带出去跟着巡回出诊。

西奥多·赫尔曼·朱厄特是远近闻名、实至名归的医生。他毕业于鲍登学院，1839 年在费城的杰弗逊医学院获得医学学位。他娶了医生之女（她是新英格兰地区的一支名门望族吉尔曼家族的后裔），由于父亲的不断敦促，便在南伯威克乡间行医。他后来成了鲍登学院的产科教授，在国内医学期刊上发表著述。朱厄特非常崇拜她的父亲。她 1881 年的随笔合辑《乡村小路》就

右图：朱厄特在书桌前。写作的过程，她承认，有一部分是无意识的："逐步展开故事的所有细节，一刹那间就当即写出来，那真是不可思议的美妙变化！谁写的呢？我越发肯定不是我写的！"写作的商业效用这一面有时候令她恼怒。她写信给朋友安妮·菲尔兹说："我在想，不知道在天堂里，我们最出彩的思想——特别是诗人的思想——是否不会变成花朵，诸如此类的方式或某种美丽的生物兀自生长，用不着被迫讨价还价给买来卖去。"

是献给“我亲爱的父亲，我亲密的朋友，我所认识的最善良、最博学的人，我们一起行进在乡村小路时他教导我功课，向我展示了许多事物”。他鼓励她写作，鼓励她保持好奇心，最重要的是，他们去病人家里巡诊时，他向她介绍了缅因州社会生活的整体风貌，这一经历激起了她的想象，赋予她后来写作时笔触精准的现实主义。他还带家人到城市游览——辛辛那提、波士顿——让他们领略都市赏心乐事的滋味，还给年轻的萨拉买书。“年少时求知若渴，”她后来回忆道，“哪怕是最枯燥的书我也能读出几分营养，而引人入胜的书简直让我迷不知返。”不久，她便模仿起了读过的书，1868 年她的第一篇短篇小说印刷出版，署名“A.C. 埃利奥特”。一年后，威廉·迪恩·豪威尔斯，彼时《大西洋月刊》的助理编辑，录用了她一则短篇小说。她的姐姐是知道她秘密的唯一知己，竭力主张要她告诉家人她获得了成功，但她一告诉家人就后悔作

左上：朱厄特之家的客房。
右上：萨拉·奥恩·朱厄特站在她姐姐玛丽·莱斯·朱厄特身边，约1870年。
左下：位于房屋前部的玛丽的卧室。
对页：客房窗外的景色。茶杯出自朱厄特的朋友西莉亚·撒克斯特之手。撒克斯特以其对大海和新罕布什尔海岸的描写，特别是《多鱼群岛》而闻名，她还创作了不少素描和水粉画，擅长在瓷器上绘画。

出这一选择了："我真希望我没有把这秘密告诉任何人；一旦说出来，它就好像不再完全属于我了。"

南北战争的结束加快了缅因州乡村的许多变化。铁路的通达和日渐推进的工业化进程带来了外来移民和前来避暑消夏的人群。朱厄特深感忧虑，因而更进一步促使她下定决心写出关于日渐消失或者轻易被忽视的一切。

她的第一部长篇小说《深港》(1877)就是将这样的念头付诸行动。就本质而言，其实是一系列随笔，描述来自波士顿的两个年轻姑娘到缅因州亲戚家做客，整个夏天在这一地区探访岩石嶙峋的海岸，渔民的小屋，灯塔看守人，种植宾州杨梅的田地，此外还有一系列以自然主义者的稳健手法描绘的生动形象的各色人物。据她解释，她想要"看见其中深切而真挚的感情、忠诚、柔情、恩惠和坚忍——尽管这地方初见之下似乎只有粗糙和恶劣，而且是受揶揄的对象"。

她接下去二十五年期间写下的短篇小说和长篇小说是她这一真心许诺的有力佐证，在艰难困苦的环境之中——穷困的爱尔兰移民

对页和右图：朱厄特卧室三面的景观。差不多是房屋当中最小的卧室了，缩在房屋的后部，可谓是某种隐退之处。在她生命最后那些年，多病的身体状况导致她不得不卧床，但她无论如何总是情愿写写小说。一只小茶杯被固定在她床头的墙上，用于搁放钢笔和铅笔以及一只召唤用人来帮忙的摇铃。从这里的床上，她可以朝窗外远望她儿时的家，壁炉架上她存放着她母亲的照片和她挚爱的安妮·菲尔兹的照片。

的艰难处境，靠不住的福利救济工作付出的代价，工厂和锯木厂引发的污染——她却发现了那些美德。她在书桌上方贴了古斯塔夫·福楼拜的两句话。其一建议“像书写历史那样去写普通人的生活”，其二是“不要让你的读者大笑或哭泣或者发怒，而要像自然那样让他梦之寐之”。她最如梦似幻的田园作品，同时也是最为人所知的小说，是《针枞之乡》(1896)。鲁德亚德·吉卜林写信给朱厄特说：“这本书包罗万象——它就是生活。没能那般感同身受的人着实太多，因此他们错过了新英格兰地区美丽的风景，也错过了新英格兰真正的自然本质。”他还补充了一句，“我不相信有人——即便如你，知道这部作品有多精彩。”威拉·凯瑟更甚，她声称有这么三本美国小说注定成为不朽的文学经典，分别是《红字》《哈克贝里·芬历险记》和《针枞之乡》。故事设定在虚构的邓尼特兰丁这一地方——由她曾造访并求学的布斯贝港附近的若干缅因州海岸小镇糅合而成——又是关于一个外来者对蕴含丰富历史与传说的鸡犬相闻之乡逐步深化认识的故事。尽管这一次朱厄特塑造的角色有着几近神话般的特性，特别是埃尔迈拉·托德，这位女房东还是个草药医生，身材健硕，极其独立。朱厄特运用起当地语言来炉火纯青。在此举一例子，老水手伊莱贾·蒂利向书中的叙述者解释为什么一艘捕龙虾的单桅小帆船漂离了海岸：“船上实习生大概开船开得打起盹儿来了，门罗他就上前把他一脚踢开；这下赶紧清醒了。”鲍登家族的大团聚——一场新英格兰地区对于传承与传统的观念的感人庆典——生动地表现了“家族宗亲是心之本能”的个中百态。贯穿于整部短篇小说的，都是对于人物肖像式的描写——诸如格林岛上的年老的布莱克特夫人，贫瘠的羊群岛上为情所困的乔安娜——这群各自孤绝在往昔回忆之中的男男女女，生活在这样一片艰苦而又迷人的土地上。

1887 年，从其父那里继承了房产的她们的叔叔威廉去世之后，萨拉和玛丽搬回“大宅子”，成为她们出生之地的女主人。她们对房屋的改动不大，只是对中央大门厅的外观稍作变化，在十八世纪古董之上，混搭了木兰花图案的莫里斯墙纸以及艺术品和工艺品装饰。

克雷吉之家，坎布里奇，马萨诸塞州

亨利·沃兹沃斯·朗费罗 1807–1882

1868年，诗人亨利·沃兹沃斯·朗费罗在英格兰接受剑桥大学的荣誉学位期间，维多利亚女王曾邀请他前去喝茶。女王极其欣赏他的作品，也觉得同他相谈甚欢。这场会面非常成功。结束后她陪诗人走到门口，目送他走下那绵长的城堡通道，这时她察觉到一些稍显令人困惑的事情。"我注意到，"她当晚在日记中吐露，"侍从们和仆人们表现出了不同寻常的关注。我感到难以置信，他们几乎都知道他是何许人也。他离开的时候，他们藏身在若干地方，好在他经过时把他看个清楚。后来我问他们，得知他们熟知他的许多诗歌，我真是又吃惊又高兴。其他贵宾到这里来的时候从来不曾引发过这样特别的关注。"不管是君主还是仆人，苦力还是投机政客，世人都是朗费罗的读者。他的作品销售量超过勃朗宁和丁尼生。在白宫，林肯让人向他背诵朗费罗的诗，而且听得落泪。巴西皇帝对美国进行国事访问时，他唯一的请求就是同这位伟大的诗人共进晚餐。1877年诗人七十周岁生日这天举国同庆，国内各地都有小学生举行游行为他庆祝。在那一天，人们宣称"人间在世无人像他这般，受到如此普遍的爱戴与感激，盛名之下又如此真诚与谦和"。

我们对朗费罗的了解胜过美国文学史上所有其他人物，他声名显赫是一方面原因，但更主要的原因是他的家族几代

对页：克雷吉之家蓝色基调的入口门厅。朗费罗常年在欧洲旅行，因而收集了许多艺术品——油画、印画、胸像和工艺品——他用来装点家里的公共区域，反映出他对浪漫古典主义的审美趣味以及宽泛的兴趣。

左图：朗费罗和女儿伊迪丝在克雷吉之家前，1878年9月。
下图：入口门厅。楼梯过道上的窗户可见另一段楼梯。老式落地大摆钟让人联想起他那首广为人知的诗《楼梯上的旧钟》，不过其实诗歌回忆的是马萨诸塞州皮茨菲尔德的金楼里的旧钟，那是在他妻子的外祖父家。华盛顿的胸像表达了朗费罗引以为傲的这座房屋与独立战争的联系。1843年，他写信给父亲说："我们买下一栋楼房，建于革命之前。美国军队驻扎在坎布里奇期间，华盛顿将其据为指挥部。"

人都妥善保存日记、书信和账目。他生命中几乎任何一天，我们都能知道他吃什么、穿什么，他做了什么，有谁来访。他的职业生涯的轨迹，从缅因州朴实无华的起步，到享誉世界的名望，都能细细描摹出来，这使得他的成就愈发显而易见，却也愈发不可思议。十四岁时，他的第一首诗出现在《波特兰报》上，在鲍登学院读书期间（他的一个同窗是纳撒尼尔·霍桑），他写信给父亲说："我十分渴望将来在文学上扬名立万，我的整个灵魂都为此熊熊燃烧，每一个可能的念头都围绕于此。"然而他却迟迟才步上成为诗人的道路。反倒是他惊人的学术天分引起了关注。他一从鲍登学院毕业，就获得现代语言教授的职位，条件是他到欧洲去真正学习语言。他去了，最终精通十一门语言。他教书翻译，撰写学术文章和教材。二十七岁时受邀加入哈佛教职队伍——但自感需要精进他的德语，于是他又一次踏上赴欧洲的旅程，然而这一次却有着灾难性的后果。他的妻子玛丽

左上：蓝色基调的入口。
右上：位于坎布里奇布莱特大街上的克雷吉之家，地处历史和建筑积淀丰富的区域。朗费罗1836年起执教的哈佛大学就在几个街区开外。朗费罗最密切的朋友有：希腊语教授科尼利厄斯·芬顿，他在1860年成为哈佛大学校长；以“文化信徒”为大众熟知的查尔斯·埃利奥特·诺顿，他在哈佛大学教授了二十三年艺术史；路易斯·阿加西，出生于瑞士的美国自然史教授，同时也是哈佛大学博物馆的创始人；老奥利弗·温德尔·霍姆斯，哈佛大学解剖学和生理学教授，他的《老铁甲舰》一诗帮助保存下“宪法号”驱逐舰，使之免于被拆解。布莱特大街上还有一处稍显简陋的装有护墙楔形板的房屋，曾经的屋主德克斯特·普拉特出现在朗费罗的《乡下铁匠》诗中：“一棵栗子树延伸宽广／乡下铁匠铺靠在树旁……”

在鹿特丹不幸流产，不久死于感染。“我心里一片空洞，”他写道，“时常感到丧亲之殇，孤独至极。”他兴味索然地从一个国家游荡到另一个国家，直到有一天，他在瑞士遇见了阿普顿一家。富裕的美国商人内森·阿普顿和他的孩子们邀请朗费罗与他们一起旅行，很快他就爱上了十九岁的范妮，她一开始还拒绝过他的示好。他回到美国，接受哈佛的教职——但那时已经找到了他的缪斯，生活也上了轨道。

在坎布里奇，他起初住在哈佛校园附近的柯克兰大街提供膳宿的家庭旅馆，不过一年后他租下布莱特大街105号一座大房子二楼的房间。房屋叫作克雷吉之家，朗费罗在那里住到四十五年后他与世长辞。房屋建造于1759年，为小约翰·瓦萨尔少校所建。从1775年7月15日开始近九个月的时间，这里变成乔治·华盛顿将军的司令部。他就是在这里，筹划部署围攻波士顿，与大陆会议代表们会晤。从一开始，朗费罗——他祖父曾在华盛顿麾下担任军官，他父亲是拉斐德的朋友，家族渊源如此——就陶醉于这座房屋令人自豪的历史。独立战争结束后，安德鲁·克雷吉，昔日的药剂师，大陆军的将军，买下这座房子以及周边一百四十英亩地。克雷吉1819年去世后，他所欠下

左上：藏书室。屏风为日式。壁炉上方是路易十五的挂钟，右边的古玩陈列架上摆放着奇珍异宝，包括罗马油灯和南美的蝴蝶。

左下：客厅。在华盛顿将军的时代，这个房间被玛莎·华盛顿用于接待客人。到朗费罗的时候，这一房间被范妮用来招待朋友和客人。壁龛中的胸像是十六岁的范妮。大幅油画《威廉·佩珀雷尔爵士的孙辈》为马瑟·布朗所作，壁炉上挂的是出自让·巴蒂斯特·伊萨贝之手的《渔船》。

对页：餐厅有一面墙上贴墙放着一张佛教祭台长桌，很可能是朗费罗的儿子查尔斯从日本带回来的。上方挂的肖像是朗费罗的女儿们，艾丽斯、安妮和伊迪丝，1859年由托马斯·里德所画。

的债务让他的遗孀生活困难，于是她卖掉房屋周边的土地，并且接收起寄膳宿者。朗费罗教授看来觉得很理想，很快就在这里招待起同事和朋友。1841 年克雷吉夫人过世，但她的继承者们为她的遗产争吵不休，朗费罗继续住在这里。两年后，他终于与范妮喜结连理，这时他的岳父买下房子以及周边五英亩地作为结婚礼物送给新婚夫妇。他后来又添置了街对面的土地，直抵查尔斯河。价格为一万美元。

亨利和范妮住在这里度过了余生，连同他们的五个孩子：查尔斯、欧内斯特、艾丽斯、伊迪丝和安妮·艾勒格拉。正是在此处，朗费罗静心写作。家庭生活稳固了他的决心，决定美国人想象世界的诗歌开始在这里聚沙成塔。范妮全心全意做好贤内助，管理家中人员有方。假如有时候孩子们打断了他，他还据此写出了诗：

白昼与黑夜之间，
当天色开始昏沉，
有一次工间休息，
那是孩子的时辰。

左图和对页：朗费罗书房的三幅景象。十九世纪七十年代所摄的一张照片中，诗人本人坐在壁炉边上（左上）。中央的桌子用来堆放待读的书和待回复的信件，而朗费罗是在房间后部的一张站立式办公桌上写作，书桌位于两扇窗户之间，对他来说采光最好。他在整个成年生涯中一直饱受眼疾问题的折磨，写作时需要尽量充足的光线。显然他同样需要朋友和英雄：他们的肖像挤满了这个房间。房间四周都是他的密友的照片、绘画或者胸像，包括乔治·华盛顿·格林、查尔斯·萨姆纳和纳撒尼尔·霍桑。这里还有莎士比亚、维吉尔和莫里哀的胸像。即便是房间中的几把椅子都和文学隐隐有着千丝万缕的联系。有一把椅子是他坐在上面写了《伊凡吉琳》，还有一把在《孩子的时辰》中提及了，再有一把则是从那著名的“延伸宽广的栗子树”砍下雕刻而成。

我听见楼上卧室里，
脚步声又碎又轻，
门儿打开的声响，
柔和甜蜜的嗓音。

我凭着灯光看到，
她们沿楼梯走下：
艾蕾笑，艾莉端庄，
小艾荻满头金发。[1]

朗费罗的哥哥塞缪尔在1886年他所写的诗人传记中，给我们留下了一段关于房屋的简

1 杨德豫译。

左图：1834 年朗费罗最初租下克雷吉之家的几个房间时，这个房间用作他的书房兼餐厅。（他还租下了毗连的卧室。）当他和范妮拥有这座房子之后，这里用来作为家庭儿童室，专供孩子们游戏、进餐等。

对页，下图：同一房间，从二楼走廊所见。

对页，上图：主卧。范妮和朗费罗都是在这张雪橇式床上去世，上方挂的铅笔画是他们的儿子查尔斯和欧内斯特，出自伊斯曼·约翰逊之手。屏风是查尔斯 1870 年到 1871 年间造访日本之后带回来的。屏风上描绘了一系列展开的扇子，底衬以非写实手法展现的河流。

短描述，观察者从一片榆树林走来，穿过丁香花丛的入口：

镶嵌白色墙裙的门厅里有一座气派的楼梯，台阶宽而低矮，楼梯扶手盘旋宛转花式多样。左边对着客厅，依然是“殖民风格”室内布置的完美样板：窗座深嵌，壁龛呈弧形，大理石的壁炉饰面顶上安放一片宽大的石板形成建筑框架。客厅对面是一间相似的房间，风格较为简约，但依然举足轻重——后来那些年都用作诗人的书房。再过去是一间宽敞的房间，现在用作藏书室，室内窗户可以俯瞰花园和庭院。楼上是若干卧室，卧室里宽大的壁炉由老派的荷兰瓷砖砌成。

经年累月，房屋里的家具逐渐也和房屋本身的宽敞大气相匹配。在旅行中，朗费罗积聚了油画、图书、桌子和各色小玩意儿，用来处处装点克雷吉之家，形成维多利亚时期的丰裕之势。他和范妮喜欢享受生活，他们有个库存富足的酒窖，经常招待朋友。他性格温和，待人热情，因而吸引了越来越多的朋友，从诸如查尔斯·萨姆纳（后来成为参议员）和尼利厄斯·康韦·芬顿（后来成为哈佛大学校长）这样的密友，到诸如威廉·迪恩·霍威尔斯、詹姆斯·拉塞尔·洛威尔、查尔斯·艾略特·诺顿和乔治·蒂克纳这些波士顿知识分子精英，再到诸如拉尔夫·沃尔多·爱默生、纳撒尼尔·霍桑、沃尔特·惠特曼和塞缪尔·克莱门斯这样的名人，以及查尔斯·狄更斯或者安东尼·特洛罗普这样的外国贵宾。似乎人人都来拜访朗费罗。前来的有知名歌手、演员和音乐家，有来自巴黎的赤脚的加尔默罗会修士，还有俄国无政府主义者米哈伊尔·巴枯宁。甚至奥斯卡·王尔德也来访过。“不管他在公众场合可能有多么潇洒不羁，”诗人写信给一位朋友，“在私底下，这个年轻人非常招人喜欢，充满灵气。”有一天，朗费罗应声前去开门，一个女人问这是否是朗费罗出生的房子。他解释说不是，然而她又接着问：“那他是在这里去

世的吗？”或许，关于他声名远扬的最典型的例子是一个前来参观的英国人所评论的，他表示游客在其他国家都去参观古迹废墟，“但你的国家没有古迹废墟，我想我就前来看看你”。

当然，房屋的中心是朗费罗的书房。书房中央是一张大桌子，总是堆满书和待回复的信件（他一年大约写一千五百封信），桌上还有他的仰慕者们寄给他的稀奇珍玩小物，例如塞缪尔·泰勒·柯尔律治的墨水台。不过，诗人并不是在这张大桌子上写作。因为他一直饱受眼疾问题的折磨，需要尽量充足的光线，所以他在房间一隅的站立式办公桌上写作，书桌位于两扇窗户之间。办公桌上方径直注视他的，是他视之为偶像的歌德的一小座雕像。房间其他各个地方同样都用于瞻仰文豪，有莎士比亚、维吉尔和莫里哀的胸像，还有供奉他挚爱的但丁的圣坛，包括一个装有但丁灵柩碎片的匣子。屋里满是他朋友们的肖像画、照片和镜子，壁炉边一把舒适的椅子，他就坐在上面阅读，对面是另一把椅子，那是他七十二岁生日时坎布里奇的孩子们送给他的，由朗费罗著

箭头农场，皮茨菲尔德，马萨诸塞州

赫尔曼·梅尔维尔 1819–1891

赫尔曼·梅尔维尔的宏大叙事在美国小说家中无人能及。偶有粗制，偶见冗长，但他的作品都出自天生的作家之手。修辞之典雅讲究，叙事之气势磅礴，细节之让人大开眼界，心理之错综复杂，回响之近乎神话——这一系列优点，使得他的小说无法超越。哪部美国小说比《白鲸》更伟大呢？什么小说让读者如此激动颤栗又无法忘怀呢？什么小说如此具体表现了美国人的探险及其令人畏惧的英雄行为和阴森可怕的执迷成魔之间的种种矛盾呢？倘若梅尔维尔是我们小说家中最伟大的那一位，那么他的人生也同样是所有小说家中最为悲惨的，幸福灿烂的开端和微光摇曳的成功使得那屡屡失望构成的一切更加黑暗。

对页：从梅尔维尔书房看出去的格雷洛克山。在箭头农场居住的头几个星期，他忙于各种杂务。1850年10月，他写信给一个朋友说："直到今天，我一直都忙得不可开交。事事都要处理，几乎没人能帮我忙。不过，我想用不了多久，我们就可以收拾停当，届时我可以悠然看山了。"等他终于能够回到书桌前，他开始动笔给《白鲸》收尾，还一边凝望着状似鲸鱼的格雷洛克山。

左图：梅尔维尔在他家房屋背阴一侧加建的门廊或者说阳台，这也是为了让他可以远眺格雷洛克山。这里太狭窄放不下两把摇椅，但对于梅尔维尔来回踱步的愿望而言倒是很理想。

以他儿时为例，可谓锦衣玉食，快乐无虞。他的祖父和外祖父都参加过独立战争，他父亲的家族是波士顿商人，

他母亲的家族是奥尔巴尼的甘斯沃尔特家族，富甲一方。梅尔维尔出生于纽约城，他父亲早先就移居到那里从事他的干货进口生意。然而艾伦·梅尔维尔这人求成心切却时运不济，他的妻子玛利亚则无理取闹又

左图：箭头农场。梅尔维尔的妹妹奥古斯塔在一封信里描述过这里："我们的旧农庄房屋就美感来说没什么好夸口的，但舒适宜人，这在乡下真的就足够了。房屋很古旧，数下来有七十年或者更久，尽管外观看来现代，但内部保留着古老的样子。房屋以其将烟囱——占比例最大的部分——置于正中而各个房间围绕四周的这般奇特的建筑风格建造。这样的设计毫无讲究和美感，但想必有它起到补偿作用的优点，不过我可还没发现这优点。"
下图：1862 年从北面的草地所摄的箭头农场的照片。
对页：主屋后面的马厩细部。
后页：餐厅，其壁炉因梅尔维尔 1856 年的短篇小说《我和烟囱》而声名远扬。1863 年，他弟弟艾伦·梅尔维尔把作品中的部分段落刻在壁炉石头上。

挥霍成性。他们在曼哈顿居住的第一年，家里有一位孩子们的家庭女教师和一名法国男仆，但到了赫尔曼十岁时，债主齐齐堵到门前，财务上的一败涂地迫使他们迁回奥尔巴尼。不过破产再一次紧随梅尔维尔的父亲，不久之后他就去世了，留下他的妻子和八个孩子听任命运权宜和亲戚的摆布。随后便是一贫如洗的生活，孩子们只能接受断断续续的教育。有一年，为了摆脱困境，十五岁的赫尔曼被送去皮茨菲尔德他叔叔托马斯的农场生活，到胡萨托尼克河沿岸的草田里劳作。他留在那里试着当教师，后来又想学土地测量——直到 1839 年他二十岁时，终于前往纽约，作为一艘商船"圣劳伦斯号"上的服务员签约受雇，航行前往利物浦。

梅尔维尔在他人生早年时，就体会到"隐隐一种预言般的念头：总有一天，他命中注定要成为一个伟大的航海者"。从这初次出海航行回来后，他发现母亲更进一步深陷于债务和绝望之中。他跑到此时住在伊利诺伊州的托马斯叔叔那儿，叔叔竭力主张他考虑去往西部冒险。但他反倒决定再次出海，签了四年作为水手的合约——他憎恨他所说的高级船员的"苏丹做派"——从新贝德福德出发的捕鲸船"阿古什奈号"的处女航。他于 1841 年 1 月 3 日启航出发，环行南美洲的南端，向南太平洋进发。就在出发前，他在《纽约月刊》杂志上读到了杰·N. 雷诺兹所写的《摩卡·迪克：太平洋的白鲸》这篇惊心动魄的记述。不过当中要间隔多次历险和五本小说之后，他才回到白鲸的故事上来。

十八个月后，“阿古什奈号”航行到马克萨斯群岛周围的捕鲸海域，并在努库希瓦岛抛下了锚。疾病横行，鞭打司空见惯，眼见残暴不绝，人又疲惫不堪——捕鲸船上的生活对于梅尔维尔来说变得难以忍受，因此他和另一个同伴托比·格林一起跳船逃到草木繁盛的岛屿内陆去。他在食人生番中的冒险和最终的获救，两年后在他回到家乡在母亲家那段时间里被写进他第一部小说《泰比》中著名的“波利尼西亚生活一窥”。此书最初在伦敦出版大获成功，他趁热打铁，一年后又出了另一部南海小说《欧穆》。三部关于海上生活的迥然有异的小说很快也问世了，《玛迪》(1849)、《雷德本》(1849)和《白外套》(1850)，每一部都有让人印象深刻的描写，有博学的典故以及专门的术语。“在我死后，”他曾说过，“我的遗嘱执行人，或者更有可能是债主吧，要是在我书桌里发现了任何宝贵的手稿，那我估计须将一切荣耀和光荣归于捕鲸；捕鲸船就是我上的耶鲁大学和哈佛大学。”事实上，在这两次航行之后，他几乎不曾再出过海，但他如饥似渴地阅读，从莎士比亚到托马斯·布朗爵士的作品，一卷卷航海历史和动物学方面的书籍，他的想象编织起将各种事实细节粘附其中的罗网。那的确是他疯狂写作的阶段，而在半当中的 1847 年 8 月 4 日，就在他二十八岁生日后三天，他结婚了。伊丽莎白·肖是马萨诸塞州大法官莱缪尔·肖之女，这位颇有名望的法学家也是梅尔维尔父亲的老朋友。在后来的艰难岁月里，他也经常慷慨解囊，资助梅尔维尔渡过难关。将梅尔维尔的一生形容作一部漫长“苦难史”的 D.H. 劳伦斯曾评论说：“他结了婚，得到求婚短暂一瞬的狂喜和五十年的幻灭……母亲丑陋可怕，家是折磨人的窘境，妻子有着致命缺陷，生活丧失颜面。”尽管一度因对他酗酒和狂躁感到心灰意冷而考虑过离婚，但莉齐·梅尔维尔还是在丈夫身边走到了最后，但他们四个孩子

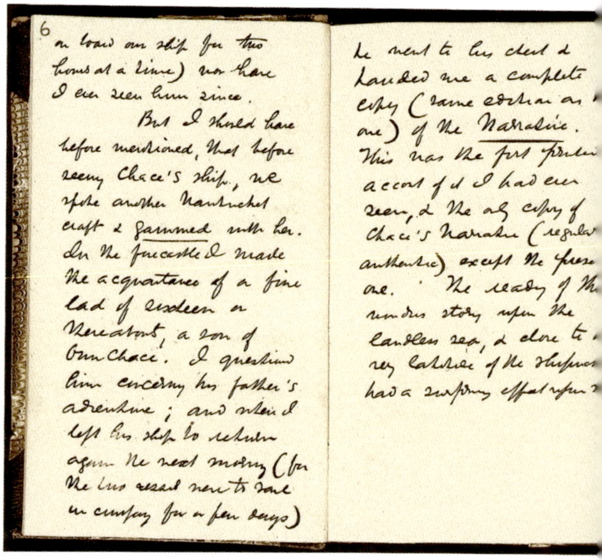

6 on board our ship for two hours at a time) nor have I ever seen him since.
But I should have before mentioned, that before seeing Chace's ship, we spoke another Nantucket craft & gammed with her. In the forecastle I made the acquaintance of a fine lad of sixteen or thereabouts, a son of Owen Chace. I questioned him concerning his father's adventure; and when I left his ship to return again the next morning (for the two vessels were to sail in company for a few days)

he went to his chest & handed me a complete copy (same edition as one) of the Narrative. This was the first printe account of it I had ever seen, & the only copy of Chace's Narrative (regular authentic) except the prese one. The reading of the wondrous story upon the landless sea, & close to the very lat of the shipwrec had a surprising effect upon m

对页，上图和左下：梅尔维尔书房的两处景象。即便是在人头拥挤的家中（包括他母亲和他四个姐妹，还有他的妻子和孩子们），梅尔维尔把房屋中最好的房间留作自己的书房之用，并且定下规矩：他在里面工作时禁止任何人打扰。他的妹妹奥古斯塔作为他的抄写员，给他的手稿抄写副本。

对页，右下：在写作《白鲸》之前，梅尔维尔根据欧文·蔡司关于“埃塞克斯”号捕鲸船的叙述做了笔记，“埃塞克斯”号被一头暴怒的鲸鱼猛撞后沉没。“阅读这篇发生在无垠海洋上且距离那场沉船事故纬度不远的令人称奇的故事，在我身上产生了出人意表的效果。”

上图：北面的客厅。端庄稳重的家具陈设清楚表明这是女人的领地，用来招待客人。

中有两个年纪轻轻就丧生（其中一个是自杀），而她替他誊写手稿、尽力管理几近一贫如洗的家，这样的人生也着实是一场磨难。

结婚以后，他搬到纽约，把他母亲和四个姐妹一起安置在家，他的长子马尔科姆于1849年出生。他为了养活一大家子急需挣钱，于是前往英国，他在那里受到的评价高过在美国，希望能有崭新的前景。然而一无所获。他回到美国，想起欧文·蔡司1821年关于“埃塞克斯”号被一头复仇的鲸鱼撞沉的报道，便着手写新的小说。1850年夏天，为了逃脱城市的种种分心事务，他和莉齐带着宝宝去往皮茨菲尔德他叔叔托马斯的旧居布洛德堂，当时那地方由他表弟罗伯特掌管。这次做客让他回顾起早年在此地区的幸福记忆，到了秋天，他决心搬到那里去。他用向肖法官借来的钱，买下一处建于1780年的老式农庄以及周边一百八十英亩地。他本想为自己在山坡那里建一座房子，配

左上和下图：梅尔维尔的卧室。即便在他生命的尾声，他还能记得他结婚那天发现的四叶草。在四十四年的婚姻生活后，他把他最后一本书献给妻子莉齐（原名伊丽莎白·肖），用普通的红色三叶草作为书的纹章，或许这时也回忆起他们住在箭头农场的岁月，他采摘了一把晚开的鲜花，从初雪中把花儿解救出来，莉齐把花朵上融化的雪花称为“幸福的眼泪”。左下：儿童房。

备写作之用的书房，这样就别无他求，但并没有钱来实现这样的计划；他就在位于路边、原先作为小酒馆经营的农庄房屋安顿下来，并卖掉一半可耕之地用于偿还债务。虽说在房屋和后面的马厩之间，他还是建了一系列附属建筑。在一封信中，他讲述了如何“建造了一些简陋棚屋（与老房子连在一起），同样也写了一些章节和散文。我一直在耕地播种，养殖放牧，书写和祷告，眼下开始进入不那么忙得不可开交的时节，开始享受这里旧房屋北面挺像回事儿的阳台看出去的宁静景色。”他的邻居们责怪他在房屋背阴的北面建这么一个阳台或者说门廊，但那里所见的景色很让梅尔维尔欣喜。他会在那里来回踱步，吸烟管，或者坐在摇椅上眺望远方，二十英里开外，隆起的格雷洛克山出现在地平线上——这一景象他从书房窗口也能看见。在他的短篇小说《门廊》中，他写到这一景象：“巍巍然者格雷洛克山，周围那些群山环绕，就像查理曼大帝在他的一众贵族簇拥之下。”他甚至还将他 1852 年的小说《皮埃尔》献给格雷洛克山的“巍峨雄伟气势”。高山与房屋之间矗立着槭树、榆树、草田和果园，如海洋那滚滚的浪涌在他眼前绵延不绝。在冬季，这一视觉效果更是强化了：

上图：梅尔维尔的桌面。在箭头农场，他着了魔般地写作。有一次他写信给朋友："你能给我派来五十个动笔速度快的年轻人吗？文风简单，不介意对他们的劳动成果进行修改的？如果你能的话，我希望你能，因为自从我来到这里，我计划未来写作就是这个数量，但挤不出时间——思考。不过我不知道人头脑中的一本书是不是比牛皮装帧的书更好——至少它不会遭到批评。从脑子里剥离出一本书来，有点类似从画板上剥下一幅旧油画这样需要小心处理、稍有不慎就出问题的任务——你得把整个东西都刮下来才能万无一失地到手——即便做到了，油画恐怕也不值得这么大费周章。"

我在这乡村中有某种海上的感觉，一旦地上遍覆白雪，尤其如此。我早上起床从窗户望出去，就像我从大西洋中一艘船上的舷窗往外看。我的房间似乎成了一艘船上的房舱，夜里醒来时听到风在呼啸，我几乎相信屋里有许多帆船，我最好上屋顶去将帆挂到烟囱上。

梅尔维尔之所以把他的新居起名为箭头，是因为他在犁田时挖出了一些美洲原住民的手工制品。房屋后面被称作"烟囱屋"的房间用作家庭餐厅，餐厅里壁炉如同洞穴一般又大又深，这里曾是小酒馆的厨房。在壁炉内和壁炉架上有梅尔维尔的弟弟艾伦所刻的若干段落的文字，内容出自他的短篇小说《我和烟囱》，被他收录于短篇小说集《门廊的故事》。楼下的两间客厅——北客厅用于招待客人，梅尔维尔存放他收藏的透纳的雕版印刷海景画（他拥有四百余幅）的南客厅面积稍小，两个厅都是雅致的静居之地。楼

左图：斯蒂普尔山庄的入口。房屋仿佛自周围森林生发而出。

下图：米莱在她花园里的泳池边上的照片，大约摄于1942年。裸泳聚会是周末的基本内容，或许是因为泳池边上设置了户外栅栏而助长了势头。

对页：下沉式花园中兰道夫·罗杰斯创作的一座印第安装扮的小天使塑像。从房屋四散开来的木栈道往往把人带到意想不到的花园幽深处，幽深之处有时就以雕塑为标志。

游戏创意当即拍手称快。无巧不成书，米莱和尤金分配到的角色是一对生活在城里的夫妻，他们天真无邪，却落入一群邪恶的乡巴佬魔掌中，受尽欺骗和凌辱，最后被无情地摧毁。到第三幕结尾时，埃德娜和尤金相爱了。几个月后他们就结婚了。

在某种程度上，博伊塞万收拾了米莱混乱的生活残局。他比她年长十一岁，一副护犊情深的父亲形象，代替了早在米莱还居住于缅因的儿时便遗弃了家庭的父亲这一角色。博伊塞万讲求务实，全心全意对待米莱，对她的病痛感同身受，决定帮她扫除工作中的一切障碍。他们得以双宿双飞之后，博伊塞万马上就意识到米莱在她“狂放不羁”外表下是多么脆弱，他坚持要求她多加休息，远离喧嚣城市，去看医生做检查。1923年7月18日，他们喜结连理，拍摄于花园里的快照展现了一位披着蚊帐般面纱、略显茫然的纤瘦新娘。婚礼庆典一结束，他就径直驾车载她前往医院做肠道手术。她对一位朋友开玩笑说：“好吧，要是我现在死了，那我可就不朽了。”她并没有死，反倒是引发了更多公众的注意，成了纽约报纸的头版新闻：诗人新娘临到手术刀下，爱情抒情诗人竟违背自己宣扬的理念结了婚，医院里孤身一人度蜜月。

他们住在格林威治村贝尔福德街上一座狭小的三层砖房，还远赴亚洲旅行。她埋头写作，身体健康依然岌岌可危，但她笔耕不辍，加上有他照顾她的饮食起居，她更是心无旁骛奋笔写作。不过她需要更加稳定安宁的环境，此时她发现《纽约时报》上有一则广告：一天早上，她注意到位于州北部哥伦比亚县奥斯特利茨镇的伯克希尔丘陵山脚下有一个废弃牛奶场挂牌待售。他们去实地查看，又是当即就爱上了这个地方。1925年5月21日，他们花费九千美元，成为这四百三十五英亩森林环绕、俯瞰广阔的莱巴嫩峡谷的连绵起伏的山丘上一幢房屋和一个牲口棚的主人。他们将此地命名为斯蒂普尔山庄，源于一种灌木野花——周围满地盛开的绒毛绣线菊，只见那粉红色的穗条傲然挺立。一个月后，她写信给母亲：“我们在这里，我敢打

包票说这是世上最美好的地方，我们没日没夜地干活，忙成特洛伊人似的，忙成奴隶一般，忙成了狗。要竖起烟囱，装上抽水马桶，搭起车库等等——我们都为之着迷。”总有无休无止的事情要忙碌——一会儿要装暖气炉，一会儿要装发电机。他们是有抽水马桶了，可没有水（在第一个出太阳的日子，修管道的工人忙着割草晒草去了，无暇顾及这里），所以她和尤金还有朋友们只好都到小溪里去洗澡。“我叫他们把上游让给我，”她说得信誓旦旦，“因为我比较干净呢。”

左图：厨房中的早餐桌。《妇女家庭杂志》发表一篇文章，报道这间厨房时提到：“旧有的厨房狭小局促，很不方便；然而即使在没有任何现代厨具的情况下，埃德娜还是把小厨房收拾得井然有序、一尘不染。没有木制毛巾架，她就用旧窗帘杆子代替……一个旧的奶酪盒子把她成排的晾衣夹子一溜儿装起来，就像玩具士兵一样头对头非常整齐。”

下图：她的打字机。

对页：客厅中那两台斯坦威钢琴的其中一台。可以看见后面是她所珍爱的萨福的胸像。年轻时她曾梦想要成为音乐会上的钢琴家，但她手指伸开的范围太小。

后页：客厅。

房屋慢慢脱胎成形了。农庄房屋原本是维多利亚时代风格的，但米莱怀念故乡缅因州，于是前门移到了房子的一边，拆除掉长长的门廊，将客厅合二为一。（她还在房间四处摆设用碟子盛放的各式各样的贝壳，也是为了追忆在海边度过的童年时光。）马路对面的两百英亩土地最终也被纳入山庄地产。他们建起一座“狍居”，养了山羊、绵羊、猪、一小群根西种乳牛和很多匹马（米莱最宠爱的那匹马名叫罗布·罗伊）。他们拆掉旧的牲口棚，在原本的地基上建造了一座游泳池、下沉式花园和一个户外休闲吧。在距离房屋一百码开外的地方搭建了一间专门用于写作的小木屋，屋里就一个富兰克林炉子、一张桌子、一把椅子和窗前用于阅读的一把躺椅，仅此而已。在小木屋周围也栽种了一些松树和蓝莓灌木丛，微风拂过时发出的沙沙作响和淡淡香气，让诗人回忆起故乡的气息。不久以后，他们还在庄园的至高点建了个网球场。庄园设有各式各样奇怪的门——就只是门而已，两旁既没有篱笆也没有围墙——只是指引人通往庄园的不同区域和附属建筑。米莱的妹夫、画家查尔斯·埃利斯用汽车漆创作出圆形绘画附着在门上，不同的门上体现不同的主题——通向游泳池的门上画的是居于山林水泽之间的仙女，通往休闲吧的门上则是一位裸体的少女。尤金每天都在田野劳作，在蔬菜园子里浇水施肥，或者去侍弄那些牲畜，一如既往地尽心尽力。他们常年的看管人约翰·皮恩都会帮忙，如果时间太紧张忙不过来

左图和对页：诗人的卧室。她的红木床位于房间北侧的两扇窗户之间。衣橱和边上的一只红木五斗橱至今还装着她1950年去世后就一直放在里面的衣物——她的妹妹诺玛悉心保存到了令人咋舌的程度。卧室里还有一张躺椅和一座壁炉，两扇门分别通往浴室和藏书室。

下图：米莱费尽思量把斯蒂普尔山庄的浴室打造得格外讲究。她在欧洲待得太久了，因此坚持要在浴室安装坐浴盆，当时纽约州的郊野可没有多少这样的装置。浴室里还有一个可以站上去称重的体重秤，秤的刻度盘非常醒目。她每天都称体重，测量她神经系统疾病的影响。她搬进斯蒂普尔山庄之际，体重不足一百磅。

的话也请人帮忙。女仆和秘书都是从当地请来的（其中一位在多年后还记得米莱卷起地毯教她跳舞的情景），不过米莱和博伊塞万样样都喜欢法国的，还尝试过雇用一对欧洲大陆的夫妇。尤金曾面试一对新近来纽约的法国夫妇，用所谓他家“庄园”的种种故事吸引他们前来。不管法国人和他妻子期待的庄园是什么风格，他们最终还是对斯蒂普尔山庄极其失望，害怕这里过于与世隔绝，就匆匆离去了。

房屋面积不大，布局凌乱。客厅尽头是一座壁炉，还有一些舒适的家具。墙上挂着具有中国情调的挂件。在客厅另外一端，两台斯坦威钢琴并肩而立，一台是音乐会上使用的大钢琴，另外一台尺寸稍微小一点，米莱用来和朋友一起弹二重奏，给聚会伴奏助兴。坐在钢琴前，她抬眼便能看见一尊大理石底座的铜质萨福胸像。这是她的一位仰慕者从意大利的赫库兰尼姆寄来送给她的，这尊胸像也变成了家里尊崇无上的神。在萨福之后，鲜有女性诗人坦率直言地描写女性之间那种充满爱欲激情而又极度痛苦的浪漫爱情，直到后来米莱横空出世。她的诗令二十年代的爵士宝贝们为之颤栗，赋予一代人自己的全新心声——言词锋利而步步紧逼，又如银铃般悦耳。对于男性而言，她的诗使得激情的复杂困惑越发诱人。对于女性而言，她的诗使得内心的模糊渴念变得真实。

我了解自己的心，已经作出选择；
我的命运并不取决于你的心情；
爱不爱我，你没有发言权
对此，最终是我的命运……

左上：写作小木屋内部的模样。朴素的装饰无疑有助于她专心致志写作。木头炉子是“森林红十字”的样式，对于林中的小木屋来说这个名字可谓恰如其分。

左下：她在房间摆设用碟子盛放的贝壳其中一处的景象，或许为了追忆在海边度过的童年时光，当然也因为她着迷于贝壳的精美造型和斑斓色彩。

右上：米莱和丈夫尤金以及朋友们在下沉式休闲台，吧台从地产上一处石头地基上搭建而成，摄于1945年前后。

对页：地产上一扇不知通往哪里的门，附着在门上的圆形绘图出自米莱的妹夫查尔斯·埃利斯之手。

你可以祝福我；但你不能
让你爱过的我俯首称臣。

二楼两间最重要的房间都为米莱所用。（他们婚姻生活的紧张关系最终将尤金驱逐到了后面的一间小卧室。）诗人的卧室有一座壁炉、一把阅读躺椅、一个梳妆台和一个衣橱。梳妆台上放着诗人最喜爱的作家的手抄本，有但丁、彼特拉克、卡图卢斯和济慈等。不过斯蒂普尔山庄有一个细节特色，相当私密也极为惊人，本书中的任何其他故居都无法与其相提并论——时至今日，这里的衣柜和壁橱里还保存着她的衣服。她挂在靴撑上的骑马靴向你展现她是多么娇小。（她的鞋码是四号半，她站立时只有五英尺一英寸。）衣橱最上层的抽屉里都是她的手套——长长的白色儿童手套上缀满了珍珠扣。另一个抽屉里放的是她的钱包，有皮质的、镶珠的，以及缀有精致艺术装饰风格的首字母搭扣的晚宴包。抽屉里还有诸如零钱包、珠宝首饰匣之类的日常用品；有个抽屉里有一支铅笔，另一个里有一只香烟盒，盒里还装有几支长红牌香烟。几个抽屉里都有唇膏盒，里面的唇膏早已干掉，但依然隐隐透出红色。绸缎香囊里放有她的长筒袜和内衣，衣柜里的搁板上放着美丽绝伦的衣服和帽子——一顶孔雀毛钟形帽是稀罕的美物——所有衣物都散发着往昔在其周围打转、在其内部跳动的气息。

一间“缝纫房”与卧室和浴室相毗邻，那原本是尤金的房间，不过一旦他不在，米莱就会在这里的大桌子上摊开自己最近正在看的书，开始伏案工作。穿过对面的门就是米莱的藏书室，那是文学大师的领地，满是各个领域的参考书籍。朝书架上稍作浏览，可以看到例如有关于朝鲜的书，关于电报密码的书，关于如何饲养狗的书，关于潮汐的书。书架上有一本俄语语法书、一本医学词典以及《缅因海岸灯塔》。一

安达卢西亚庄园，米利奇维尔，佐治亚州

法兰纳里·奥康纳 1925–1964

对页：安达卢西亚庄园的卧室里，奥康纳的打字机。关于她写的那些恐怖故事，她有一次写信给诗人伊丽莎白·毕肖普说："故事里可想而知的结局中发生的那些暴力行径，我们这里实际上大都防范住了，说到这个我还挺高兴的——尽管它们都有存在的潜在可能。"

游人今日驾车前往此地所行驶的道路，与南北战争期间谢尔曼将军朝大海行军差不多就是同一条路。放火烧毁亚特兰大后，他率军往东南急行一百二十五英里，一边劫掠那些富丽堂皇的宅第和农产丰饶的佐治亚中部，一边向当时的佐治亚首府米利奇维尔进发。一到米利奇维尔，他就占据州长官邸为自己所用，那是内战前的希腊复兴风格建筑的奢华代表之作，粉色拉毛粉饰，柱廊恢弘大气，几十年前拉斐德和托克维尔都曾做客于斯。作为在米利奇维尔长大的姑娘，在其母亲出生之地西格林街311号，法兰纳里·奥康纳透过她卧室的窗口，就可以看到隔壁的州长官邸。虽说她所写的南方并非福克纳笔下的那片注定不幸、泛着浪漫色彩而又处于挥之不去的历史阴影之下的土地。何苦硬去比拼？或者正如她有一次说的，"没人想要他的骡子和马车给安装到南方火车呼啸南下的这同一条轨道上"。她反倒是发掘出一片被上帝遗弃的诡异景象，那些沉醉于玉米酒和想入非非的穷苦白人和贫困黑人，每个人都古怪反常，言行暴力，而又如同她行文中所呈现的那样全然令人信服。她笔下的南方是一个堕落的世界，这片土地上不论黑人还是白人，都是杀人犯、与外界格格不入的人、疯子、低能儿和独腿女人、小偷、文盲和预言家。她写作产量之高、质量之佳，回头再看几近奇迹。二十七岁时，

她得知她时日不多，会早早死去，此后她写的一切——为她赢得声誉的小说和短篇小说——都是在这一不幸的阴影下想象创造和落笔完成。遭到身体的背叛，似乎也是遭到她热忱信仰的上帝的背叛，她想必感到难以忍受的孤独。一个女人，一个南方人，一个天主教徒，一个作品让邻居感觉受到嘲弄的作家（“问问她为什么不写一些好人。”她的舅舅路易斯在五金店时给乡亲们如是吩咐），她不仅在整个文学世界茕茕孑立，在当地社群中也是孤悬浮寄。然而她又坚持了十二年，成为如今公认的二十世纪美国小说中最具原创性、最有影响力的代言人。

佐治亚乡村和当地贫困的人们是她小说的全部天地，那路边的红土垄和松树勾勒出的地平线所构成的偏远地区，那烧毁的房屋上耸立的烟囱，那棉花地里的稻草人，那汽油加油泵和绳绒线商店，那巡回传教士们和帐篷复兴仪

对页：安达卢西亚庄园的正面门廊和通往庄园的路。听说她是作家，素不相识的人有时会顺路过来跟她讲讲他们自己的故事，或者坐在她家门廊上探讨如何对付“诡计多端的出版商”。
右上：1962年前后，法兰纳里·奥康纳在主屋后面，望向地产上的附属建筑。“我讨厌得很，”她告诉朋友，“让人拍照简直作孽，多数照片不太像我，或许像是我已经死了好几天的样子吧。”
右下：房屋的景象。

式，那挂着“耶稣基督是道路，是真理，是生命。免费估价。”招牌的公路边的汽修厂。“南方各种纷杂混乱，各种自相矛盾，可谓百花齐放，”她曾告诉一位记者，二十世纪中叶南方的种种畸人怪事激起了她的无限遐思。她对于细枝末节眼光敏锐，对于言谈用词的怪异转折悉声入耳。但“乡村”对于奥康纳而言，还意味着更多内容。那是“一切，从小说家描述的现实的乡村开始，穷尽他所在的地区和他的人民独有的特点，这里里外外翻来覆去之后再到他真实的乡村——具有基督教信念的作者会认为是永恒和绝对的真实的乡村”。她强烈的宗教信仰使得她寻求神秘——上帝意志在人为之事中不可思议的运作——这又反过来导致她醉心于怪诞、残缺和难以名状的事物。对这类题材，她挖苦讽刺起来驾轻就熟。“每当我被问及为什么南方作家尤其偏好写畸零人时，”她解释道，“我就说，那是因为我们还能在现实生活中找到他们嘛。”她努力追求的“永恒和绝对”赋予了她的作品充满寓意的风格。“当然了，”她写道，“我发现，来自南方的任何事情都会被北方的读者解读为怪诞，而除非这事儿确实是怪诞的，此时这怪诞却会被认为是现实主义。”单纯的现实主义从来不是她的目标，同样她会说：“佐治亚作家笔下的真实乡村不是佐治亚，但佐治亚却是作家走进真实乡村的必经之地。”在滑稽闹剧与恐怖故事的细微差别之间，她寻求超越以彰显不凡。

左上：房屋为她舅舅路易斯而扩建部分的起居室。奥康纳和母亲常用这个起居室来招待客人。

左下和对页，上图：奥康纳的卧室。不同于艾米莉·狄金森，她并非选择待在卧室不出去，而是迫于疾病所限，后来她的世界越发只能囿于四墙之内。这个房间对她来说既是卧室又是书房，搁在写字桌边上的拐杖提醒我们她行动多么不便。

对页，下图：一本《暴力夺取》，奥康纳题赠给她的朋友贝蒂·赫斯特。赫斯特从1955年开始和奥康纳通信，并一直持续到作家1964年去世。奥康纳写给她的信是她最为袒露心扉的书信。

她笔下描绘的生活与她自己过的生活有着天壤之别。她出身上流社会，家人都受过良好的教育，事业相当成功。法兰纳里生于萨凡纳，她和母亲1938年从亚特兰大搬到米利奇维尔，在这里念中学和大学。奥康纳的舅舅伯纳德·麦克休·克莱恩是亚特兰大的一位颇有名望的医生，他购买了城外的一处地产，她经常造访那里。从1931年到1933年间，他分批买地，最后在皮埃蒙高原边绵延的山脉中总共购入了五百四十四英亩土地，上面还有一座种植园建筑和一些附属建筑。他将其命名为“栗色山庄”，闲暇时在那里养马，还经营了一座牛奶场，他的妹妹，也就是奥康纳的母亲丽贾纳在牛奶场负责记录账目。法兰纳里有一天乘火车回家，在途中与一位女士攀谈了起来，据这位女士回忆，南北战争之前这座庄园叫“安达卢西亚”。想来安达卢西亚听上去更具异域情调，法兰纳里说服舅舅把庄园的名字改回了安达卢西亚。1947年伯纳德去世时把庄园留给了妹妹丽贾纳和弟弟路易斯。此时，奥康纳撰写的短篇小说开始出现在一些知名杂志上，开始得到了文学界的关注，她在雅度作家集居中心过得很开心，有一段时间还和朋友搬到康涅狄格州，决意每天写作四小时。然而到了1950年，情况发生了糟糕的转变，她先是被诊断患有风湿性关节炎，返回米利奇维尔接受可的松药物治疗。但没过多久，医生又确诊她得的是红斑狼疮，正是这一疾病在1941年夺去了她时年四十五岁的父亲的生命。（当时人们还不知道红斑狼疮会遗传。）母亲担心得知这一不治之症的噩耗只会使她情况更加恶化，于是决定向她隐瞒诊断结果。奥康纳身体极为虚弱，甚至难以爬楼梯，因此在1951年她与母亲从镇上搬到了安达卢西亚庄园，法兰纳里给安排住在一楼的一间卧室，就在房屋的前部。她在这里修改自己的第一部长篇小说，而母亲则经营牛奶场。奥康纳的病情很不稳定，经常要输血和注射。不过1952年，她发表出版小

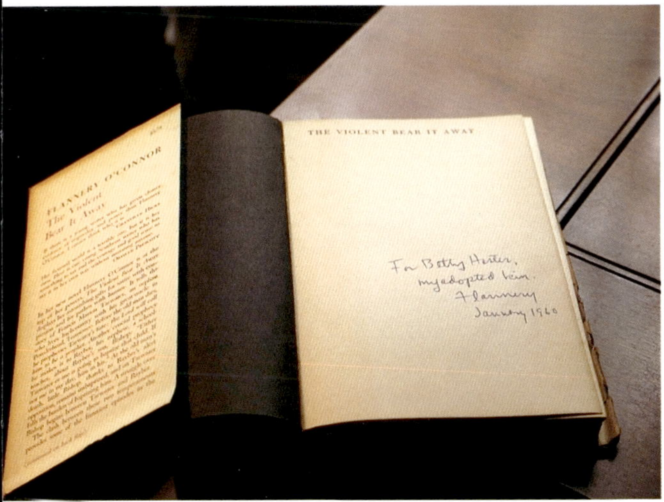

说《智血》，不久后知道了自己病情的真实状况。自那时起，她依靠宗教信仰、母亲的照顾以及安达卢西亚庄园安宁静谧的环境来维系生命。

在健康状况允许的情况下，在命运留给她的这些时年中，奥康纳会外出旅行发表演说；她甚至去了欧洲，她感觉在卢尔德圣地的访问有益于她的身心。不过，大多数时候，她出门也只是到镇上参加社交活动或是到圣心天主教堂望弥撒，其余时间都在庄园度过。房屋本身可追溯到十九世纪五十年代，是典型的两层两进设计，后部因加建了两间单斜屋顶附属建筑而相对拉长，东面加建的两个房间是给路易斯舅舅用的。房屋前部是个宽敞的装有纱门的门廊，门廊上摆放一排白色的柳条摇椅，可以坐在上面欣赏地产上的景色。房子的正前方有一棵橡树，像个精灵般的侍从，再远处还有白栎树、木兰、山核桃以及松树。后面有美洲山核桃树和雪松，奥康纳养的孔雀就栖息在这里。1952年，她给佛罗里达州的一位孔雀繁育者下了第一份订单，收到一对三岁的孔雀和四只幼雏。房屋主楼后面是被称作钉子屋的车库，她将其加建了围栏用来养鸟。她最终大约饲养了四十只孔雀，雌雄都有。“我过去常讲，我想要有很多的孔雀，这样每次走出门口都能碰到一只，”她给一位朋友写信说，“现在每次出门，就会有只孔雀碰到我。”慢慢地，她又增添了珍珠鸡、鸭子、蒌鹅、天鹅和鸡，等等，每天精心照料。附近是杰克和路易斯·希尔居住的房屋，还有他们的房客“神枪手”威利·梅森，以及乔·巴特，他们料理杂事，帮助主屋里的女主人们经营农场。地产上还有三处佃户的棚屋，有时候给临时聘用的雇工居住。战后，在天主教救济机构的要求下，一家波兰人住进了其中的一间。此外，还有一个机器仓房，一间陶瓦屋顶的牛奶加工房，里面储藏着一罐罐牛奶，奶牛棚下面是挤奶间，上面是干草仓，大捆大捆的干草给用滑轮和铰链干草叉装置运送上来保存。另一边是青贮饲料沟，贮藏着磨碎的玉米，那是给动物过冬吃的饲料。奶牛、不产乳的母牛和公牛分开放牧，给赶到远处散落点缀着池塘的草场之中。

奥康纳的家庭并不算大富之家，尽管他们的家居环境似乎掩盖了这一事实。从房屋内部的装饰上来看，安达卢西亚庄园相当舒适，不过墙上挂的绘画大多是奥康纳自己的作品，窗帘也都是她母亲一针一线缝制出来的。大厅宽敞明亮，右边是餐厅，也被用做客厅。奥康纳的母亲坚持管餐桌叫茶儿，茶儿与椅子放置在中间，但还有一座沙发沿着墙摆放。带有大理石压板的餐具柜精心雕刻，占据了房间的一侧，另一侧的墙上挂着奥康纳著名的与孔雀在一起的自画像。壁炉饰面是一幅苏格兰狩猎雕刻图，旁边是带有手柄的搁板，上面的架子放满碟盘和雕像。穿过转门便是厨房，还有一间“后会客室”，里面有路易斯舅舅添置的庞然挺立的胡桃木书架和维多利亚家具，奥康纳在这个会客室接待来访者。楼上有两间客房，丽贾纳把自己的卧室也安排在楼下，毗邻法兰纳里的卧室，显然尽量靠近女儿是为了万一她需要帮助时方便提供。

奥康纳的卧室也是她的书房。靠墙放的是带有玻璃门的书架，房间中央是写字台，后面是一个梳妆镜柜。正是在这间屋里，她每天从早上一直写作到中午。写字台离床不远，旁边是莫里斯阅读椅和一台留声机，下面还有一叠贝多芬、舒伯特和斯卡拉蒂的密纹音乐唱片。整个房间呈现出凌乱中又井然有序的气息，厚重的参考书和轻巧易碎的没用的小玩意儿皆有，有助于将无形之物付诸纸笔。房间里有一座涂成黑色的砖砌壁炉，壁炉架上有贝壳、造型为鸟儿的书挡、盒式照相机用的镜头、一张波提切利油画局部的明信片、朋友们的照片（还有一张照片是她自己孩提时站在姑婆旁边拍的）、一瓶阿司匹林和一管亚德利香膏、一个蛋杯兼糖果盒。还有一块有缺口的“失望玛瑙”，一个从药房买来的药剂分配器，上面印着电话号码452-2255，以及一张处方，上面打印有：“法兰纳里·奥康纳小姐。按指示滴进耳朵。福尔格姆医生。3-19-62。”头顶上，确切地说，悬浮于一切之上的是一块圣心版画。

奥康纳和安达卢西亚庄园之外世界的交流不免是通过那浩如烟海的信件。不过这座庄园在某种程度上成了她的崇拜者的朝圣之地，当地的朋友——甚至那些只是耳闻她是作家的人——总是喜欢带着他们的故事来到这里。母亲会给她讲一些去市镇时的见闻趣事，奥康纳自己也关注米利奇维尔当地的周报《联合记录报》和《农民市场报》上的内容。从这些平常生活中的不平凡细节中，她创作出了摄人心魄的小说。在给朋友的一封信中，她讲述了在得克萨斯州一场阅读会上她遇到的一个学生："他用困惑的目光盯着我问：'奥康纳小姐，你写作的动机是什么？'我回答说：'因为我擅长写小说。'他认为我没有真正理解他的话的意思，答非所问。"到了现在，大家都懂了，其实她一语中的。■

LIFE

大道别墅，丹维尔，加利福尼亚州

尤金·奥尼尔 1888–1953

在大道别墅尤金·奥尼尔的书桌上，有一页布满剧作家纤纤笔迹的手稿复制品，作为这里日复一日发生之事的生动例证：将往事记忆转化成一个个字词、一幕幕场景、一部部戏剧。这页手稿上标记的信笺抬头为“勒普莱西”，那是位于法国图尔附近一座带有三十六个房间的城堡，1929 年起奥尼尔与他的第三任妻子、女演员卡洛塔·蒙特雷曾在那里租住了三年时间，在此期间他着手于《素娥怨》的写作，正是这部戏为他赢得了 1936 年诺贝尔奖。不过在书桌上这一张悄然取自过往的手稿上，他动笔耕耘的却是另一部戏。手稿左上角注明日期为 1939 年 6 月，就在这个月，他开始构想一部全新的戏剧。纸上的法国住址已经被划掉，上方写着这部新戏的标题：《漫漫长路》。他尚未完全想好标题。该称之为《长路漫漫》吗？然后，在页边的空白处，他又尝试了其他可能的标题。《长日禁锢》。或许用《长日退隐》。或者是《长日退避》。这一问题未得以解决就先搁置一边去了。然后他罗列了各个角色、背景、分幕，但每一条目都各有备

对页：尤金·奥尼尔的书房。镶护墙板的内墙和帆船模型都是为了回顾他当海员的往昔岁月和在康涅狄格州的新伦敦度过的童年时代。曾有一段时间，他的收藏规模还要大，模型都出自唐·佩斯之手，包括五艘快帆船和一艘中国式帆船。“你看，”他写道，“我精挑细选这些模型，最大的兴味之一就是将麦凯设计的快帆船历来的变化对照着呈现在面前，全都逐次摆放在桌上。”

左图：大道别墅正面。

左上：1941年7月，奥尼尔和女儿乌娜在大道别墅东面的游廊午餐。就在此次探望时，她告诉父亲自己打算嫁给年龄同他相仿的查理·卓别林。这次探望原本意在修复父女之间素不相能的关系，结果这一消息令奥尼尔更为光火。

左下：房屋通往建有围墙的正面入口的人行道，根据风水原理进行布局。

对页：大道别墅的谷仓和水池。

用选项。例如列出的“丈夫兼父亲”这一角色，可以名叫埃德蒙·泰隆，但也可以名叫詹姆斯·勒特雷尔。“妻子兼母亲”可以叫玛丽，或许也可以用斯妲拉这个名字。第二幕的指示该说是“中午十二点三刻”还是“午饭前”？诸如此类。在两年时间中，奥尼尔日复一日，费尽心神与上千个这样的选择进行角力。今天读来言之凿凿无可争议的经典，在其创作之际，却是就细枝末节的字词和细腻微妙的情绪展开的一场艰难交锋。那两年里，奥尼尔早早起床，在卧室里吃完盛放于托盘之上的早餐后，就躲进毗邻卧室的书房，一直持续写作到下午。“他下的命令是，”他的妻子回忆道，“任何人都不得走近他，就算房子着火了也不行。他绝对不能受到烦扰。”不过当然了，心烦意乱恰恰就是他的状态。重温他成长时期在新伦敦的消夏小屋“基督山”——之所以起“基督山”这一名字，源于他作为演员的父亲在舞台上扮演的最闻名遐迩的角色——那倍受折磨的家庭生活的苦涩记忆，简直是他前所未有的艰难任务。对于这创作的过程，他变得越发沉迷其中无法自拔。他夜不能寐，伏案得越来越晚，写作时经常哭泣。夜里，辗转反侧难以入眠，他会到妻子的卧室去把她叫醒，跟她谈论这部戏和他的痛苦。“他跟我解释，他不能不写这部戏，”她后来说，“他不能不写这部戏，因为它像幽灵一样久久地纠缠着他，他不得不原谅他的家人和他自己。”

作为巡回演员的儿子，奥尼尔除了在想象中之外，从未有过长久的家园，他无休无止地寻找适合生活和工作的宁静之地。1931年，他与他的妻子——在法国与世隔绝了几年之后向往起

了热闹的社交生活——在纽约帕克大街租下一套公寓，不出几个月奥尼尔就意识到自己在城市里无法写作，须得搬家。他们在佐治亚州的海岛建了一座沙滩别墅，称之为金洛塔之家（尤金的金和卡洛塔的洛塔拼在一起），但屋顶漏水，供暖不佳。他的健康状况不稳定，贪好杯中物，整个人抑郁消沉，经常处于崩溃边缘，到了1934年，因为胰岛素用药的副作用，他的右手开始出现颤抖的症状。然而，只要医生许可的情况下，他还是殚精竭虑，通过一部又一部戏剧淬炼他的悲剧观念，构想出一整套未能完成的庞大体系——由十一部不折不扣地记录美国历史在心理上和经济上全部历程的戏剧构成。他想到了加利福尼亚州北部，他记得少年时曾随父亲巡演到那里，加州或许可以提供对于他恢复健康和完成庞大戏剧体系所需要的隐逸环境。朋友们说服奥尼尔和卡洛塔相信西雅图会更好一些，他们一下火车，诺贝尔

奖的喜讯就来了。这一荣誉让他更进一步抑郁——看来最好往南迁移。他们在旧金山入住了费尔蒙酒店，但他的健康状况持续恶化，瑞典领事不得不把诺贝尔奖章和证书带到奥尼尔在医院里的病房。他决心留在加利福尼亚，和卡洛塔一起（卡洛塔原名黑兹尔·萨兴，是土生土长的加州人）开始物色合适的住地。一头雾气太重，另外一头又社交名流太多。不过当一位房产中介给他们看了位于圣拉蒙谷地、距离旧金山三十五英里远的丹维尔小镇上的一处地产后，她心下明白他们终于找到了合适的地方，与世隔绝，安宁静谧，是奥尼尔能清心写作的理想之地。他们买下一百五十八英亩地，拆除地产上原有的土砖农舍，开始规划建造起新居。

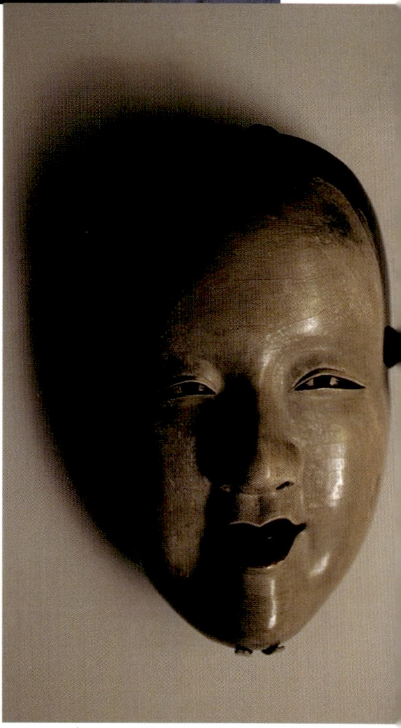

那时，奥尼尔写信给一位朋友，说大道别墅是“我最终的家园和港湾”。它掩映在拉斯川帕斯山脉的一处山坡上，这片区域如同一幅由橡木林地和冬青夏黄的草地相间的镶嵌画。附近有杏树和胡桃果园，从房屋看出去，可以俯瞰整片农耕的谷地，远处耸立着代

对页：大道别墅的门厅，朝向起居室。楼梯井外部装饰有一系列面具，来自非洲、中国、日本能剧和美洲印第安人。面具似乎是很适合剧作家的收藏。

上图：起居室。一对双折的柚木屏风位于起居室一侧，室内别的位置也有若干中国家具——镶有嵌饰的橱柜、旅行桌箱、漆器桌以及对着蓝色镜子的乌木纱门。卡洛塔监督了房屋的内部装修。

左图：1943 年奥尼尔和卡洛塔在起居室。

左图：罗茜的房间里。罗茜是一台投币自动钢琴，卡洛塔送给奥尼尔的四十五岁生日礼物。在她日记中提到，这是“那种过去那些年里被摆在沙龙和所谓的‘别的地方’的钢琴！而这特定的一台以前就在奥尔良的某个‘别的地方’待过……金很满意——我别无他求！”

下图：1943年奥尼尔在罗茜房间里给自动钢琴更换打孔纸卷。

对页：卧室边上的梳妆室里，卡洛塔的一条连衣裙。她仪态优雅，极具戏剧魅力，有时被称作“天鹅”，有时被比作克娄巴特拉。和她搭档演过戏的伊卡·蔡思称她是“我所认识最完美无瑕的人”。

阿布洛峰——“我所见过的最为美丽的景色之一。”奥尼尔说。汽车长驱而上前往别墅，最终道路一个回转，在一圈美国悬铃木包围之下，只见中央一棵橡树，眼前是遮挡着别墅不让人轻易看见个中究竟的庭院围墙。正如名字所透露的，房屋意在展现卡洛塔对东方的迷恋。“道”这一称谓，在用作老子的哲学体系之名以前，指的是天地的往复旋转，后又变成指称在看得见的自然秩序背后的无限能量，形而上者，永无休止，无所不能，谋求至

左图：奥尼尔书房中两张书桌分别摆放在相对的两面墙边，这是其中一张书桌。他在大道别墅居住的岁月是他写作生涯中最高产的时期。在加利福尼亚生活期间，他写出了《长夜漫漫路迢迢》《月照不幸人》《送冰的人来了》、《休矣》和一大半《占有者自我剥夺的故事》。

对页：摆放于奥尼尔书房边阳台上的弹簧长沙发和写字桌。

下图：房屋后面的景色，远望代阿布洛峰。"我们在大道别墅住了整整六年，"卡洛塔后来说，"比我们住过的任何别的地方都长久。当然，也遇到很多困难，但那里非常美，我不愿离开。"

善于万物之中。访客进入庭院时，就会亲眼目睹卡洛塔如何将她所沉迷的这些理念展现出来。在庭园入口，初见之下，房屋看起来像是一栋受教会启发而建的蒙特雷复兴风格楼房，但通往房屋的方格纹砖路曲里拐弯行至——且慢，并没有前门！她迷醉的亚洲艺术和哲学使得她基于风水原理来设计庭院和房屋，走道建得这般弯曲，旨在聚集吉气，阻挡煞气。（因此没有设置一目了然的前门，这是一种挫败恶魔的策略。）与此同时，卡洛塔对于树木栽种的品位也是东部的趣味（就像在马萨诸塞州），举例而言，她不断培育一坛坛接二连三枯萎而死的牡丹。墙上攀附着白花藤，庭院里还有一棵无患子树、一棵洋槐、一棵洋李以及呈带状分布的木兰花丛、夹竹桃花丛和紫藤。说来也怪，这里有个意大利风格的水泥浇筑的鸟盆，供鸟儿洗澡和饮水，源头是海马的造型，不过也有个小小的鱼塘，塘边的阶地由石头勾勒而成，还有稍大的"守护石"凸现其中，旨在汲取正气善神。

房屋本身进深不过一间屋子，所使用的建筑材料是早年的一种混凝土石料，里里外外都粉刷为白色。人们一眼就可以看出风水的特性。地面用的是墨西哥的黏土花砖，但并不铺设出任何图案，以表现尘世生活的无所用心。头顶上天花板均粉刷成蓝

色，入口门厅的天花板是深邃的蓝，房间的天花板则是稍浅一些的蓝色，仿照出凝视碧空的效果，距离地平线越近，色泽深度越逐次减轻。入口门厅装饰着一系列东方的面具，这一细节对于剧作家的居所而言恰如其分，尤其适合奥尼尔，他曾在诸如《奇异的插曲》和《大神布朗》这样富于创新的戏剧中运用面具来探究双重身份。一对木雕狮子守护在楼梯间上。

地毯、橱柜、装饰品和阅读专用椅——卡洛塔在房子当中处处点缀了中国特色。她还到旧金山的甘普百货公司订购了一大堆家具物什，包括给她丈夫置办的一张曾为鸦片馆增色不少的床，还有屏风和灯具、满洲读经台和唐三彩，以及一对瓷质大象，用来指引通往游泳池的路，那是他们为了让奥尼尔锻炼身体而建造的。整体效果像是沙漠中的绿洲，因文明教化而宁静安逸。配备现代设施的厨房外面是三个用人的区域，其中包括他们不可或缺的休伯特·弗里曼，他起先在佐治亚州为奥尼尔夫妇服务，后来跟着他们向西迁徙，管理大道别墅的地产，同时也兼做家里的司机和园丁，什么都帮得上忙。

在起居室内，和房屋别的地方一样，内嵌式的壁龛用作书架。有时候，卡洛塔会抱怨家里看起来简直像是图书馆；在一些壁龛内她放置了中国屏风来取代书。在他们陈设讲究的起居室里，夜里他们会到这里静心阅读。客人寥寥无几。（家里只有一间客房。）部分原因是卡洛塔希望保持奥尼尔清静不受打扰，还有部分原因是她知道一旦有故友在左右，少不得又要多喝酒。别墅内几乎每个房间都可以面对代阿布洛峰一览无余，而正是这一自然的雄伟基调，而非墙上挂着的那些艺术品，占据了整个内部空间。楼下的不同寻常之处是罗茜的房间——那是通道尽头的一个小房间，奥尼尔用来放置罗茜——一台镶有绿色和粉色玻璃的投币自动钢琴，从旧金山一家妓院里解救出来的。这个房间的四墙挂满照片，许多照片是他父亲扮演各种角色时所摄。这里还有一台留声机和一台落地式收音机。他和卡洛塔会在夜里收听新闻，借助卷起来放在收音机后面墙上的一张大幅地图，追踪欧洲战事的发展状况。

楼上是他们的两间卧室。卡洛塔的卧室在楼梯最顶端，方便她守卫家园，居中调度。卡洛塔的一言一行无不优雅大方，她的卧室和化妆室自有一种皇室般的讲究气派。大道别墅没有房间给其他家庭成员。奥尼尔作为父亲是失败的，他的三个儿女都不喜欢卡洛塔。（他的两个儿子最终都自杀了，而当女儿乌娜决定嫁给和奥尼尔年岁相同的查理·卓别林时，他声明和她断绝父女关系。）他们转而把感情都倾注在一条心爱的达尔马提亚犬身上，布莱米全名为西尔弗登·恩布勒姆·奥尼尔，出生于英国，是大道别墅庄园的主子，后来会在旺多姆广场或者帕克大街看到它被牵在压花皮绳一端，穿着定制的爱马仕雨衣。它只吃上等牛肉，睡在卡洛塔的卧室里——在为它特制的铺有丝巾的床上。在大道别墅，它多半都在追逐长耳大野兔，奥尼尔称它为他“忠实的好伙伴”。

进入奥尼尔的卧室——以及卧室和梳妆室后面的他的书房，大道别墅内部的密室——就是进入一个与房屋其他区域截然不同的世界。不像其他区域是蓝色和白色的主题，他的卧室完全粉刷成雾一般的灰色，用以缅怀他在长岛海湾的康涅狄格州海岸度过的岁月。在面向代阿布洛峰的两扇窗户之间的墙上，镶嵌着一面高大的略微泛黑的镜子。他的书房以人造木材为墙板，天花板也用木材吊顶，显得像是船上的房舱。墙上摆放着帆船模型和以相框镶裱起来的他作为熟练海员从美国轮船公司离职的证书（而不是他的诺贝尔奖证书），落款日期为1911年8月13日。屋里有两张写字桌，各朝向对面的墙壁。他两张书桌都没有闲置，用来写不同的剧本。一间小日光浴室在尽头，通往环绕整栋别墅的二楼阳台。

就是在这间书房，奥尼尔起初奋笔疾书他的美国体系。尽管在完成《诗人的气质》和《更庄严的大厦》之后，他最终放弃了这一过于雄心勃勃的项目。他感觉到有更迫切的东西在心中涌起，开始写那些被认为是他最佳代表作的剧本，即《送冰的人来了》和《长夜漫漫路迢迢》，他写得走火入魔，耗尽心血。

备受他所描绘的吸毒母亲和吝啬父亲的折磨——他称《长夜漫漫路迢迢》为“一部关于旧恨、用血和泪写的戏”——他并不想让该剧本在他有生之年或与世长辞之后被搬上舞台或者出版问世，但他确实在他们结婚十二周年纪念日将这部完成的手稿献给了卡洛塔。这部辛辣的剧本证明了奥尼尔长久以来的信念：“对我而言，悲剧本身就有着等同于真理的大美。”他去世后，卡洛塔违背他的意愿，安排这部戏上演，将其交给导演何塞·金特罗，金特罗曾于 1954 年把起初大家不屑一顾的《送冰的人来了》变成了一部叫好叫座的戏。他 1956 年制作的《长夜漫漫路迢迢》大获成功，为奥尼尔在离世之后赢得了他的第四次普利策奖，并且重振了他的盛名。

在大道别墅，尽管他又开始动笔写起了一部名为《月照不幸人》的新戏，但他进行书写已经相当困难。右手的颤抖削弱了他的力量，他不得不用左手抓牢稳住右手才能让笔触落在纸上。他的字迹变得越发模糊难辨，疼痛越发难以忍耐，情况严重到他被迫完全停止了写作。战时的艰难状况让生活越来越不容易，奥尼尔夫妇考虑离开加利福尼亚州。弗里曼应召入伍，他们发现没有了他就无法维持房屋井然有序。奥尼尔喜欢照料的梵天鸡（他把他最喜欢的公鸡起名“舒格·雷”以纪念这位著名的拳击手）不得不上了餐桌变成食物，或者送给邻居。在 1943 年 12 月 28 日的一封信中，卡洛塔写道：“所有鸡都不在了。那些美丽的梵天鸡啊！即便是作为宠物的‘多克’和‘查理’也不在了。金和我似乎不可能保住宠物，不可能保住这个家，或者保住任何东西了！”1944 年 2 月，他们卖掉房子，将家具回售给甘普百货，离开加州前往纽约，又开始他厌恶的无根的漂泊生活。他在大道别墅生活的时间超过他一生待过的所有地方，但这里却不是他最终的港湾。1953 年 11 月 27 日，奥尼尔在波士顿一家旅馆的房间里去世，据记载他的临终遗言是：“生在旅馆里，妈的，连死也都死在旅馆。”

韦尔蒂之家，杰克逊，密西西比州

尤多拉·韦尔蒂 1909-2001

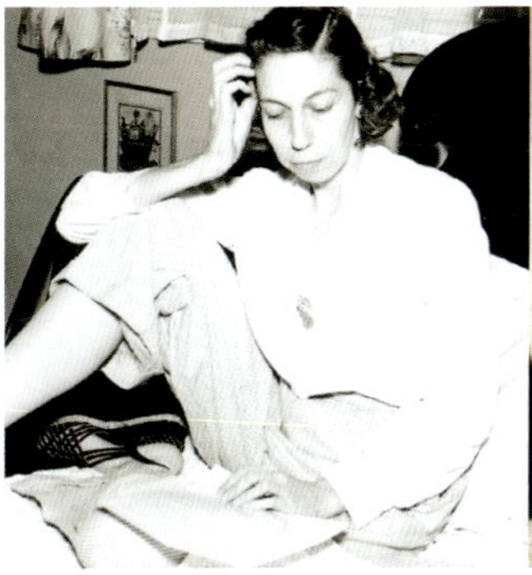

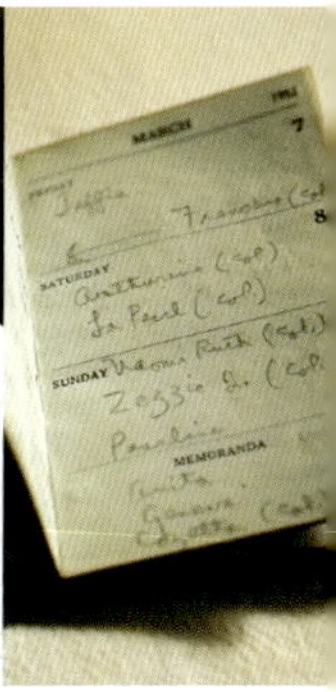

对页：在卧室前方她写作时用的书桌边上，韦尔蒂摆放了一个高高的柜子，里面一格格存放着经作家分门别类的信函。许多友谊处于她生活的中心位置，她是语气亲切得让陌生人会给她写信的那种作家。“老天，”她曾告诉过一个记者，“我经常搞不懂他们打算表达什么，或者他们试图说我说过什么。前些日子，我收到了一封长信，是一位研究生写的，说发现我的作品和各种作品的对应关系，但丁的《神曲》，还是弥尔顿的《失乐园》来着？嗯，某一部。我没有回复那封信。没必要。我该说什么呢？”

在客厅小书桌最上层的抽屉里，尤多拉·韦尔蒂一直存放着她父亲年少时的一本小小的纪念册。大人们在纪念册上写了很多鼓励的话语，祝福他的人生旅程，尽管其中有一则读起来令人心碎：他当时七岁，这则寄语抬头的称呼是他儿时的绰号。“我最亲爱的韦比：希望你做个好孩子，在天堂和我相见。爱你的妈妈。”落款日期是1886年4月1日——正是她去世的那一天。如果说克里斯蒂安·韦伯·韦尔蒂并未快步赶往天堂，无可否认的是，他总是着眼未来。他长大后成为成功的代理保险商，最终当上了拉马尔人寿保险公司在杰克逊的董事。他着迷于科学，醉心于新奇精巧的小玩意儿和发明创造。1925年，带着年轻的一家子搬入新居之际，他为长女尤多拉——这名字取自她的祖母——购买了一套《不列颠百科全书》。尤多拉的母亲也是一位意志坚定的女性。她出生于西弗吉尼亚山区的农场，自学成才当上了老师。生活过得并不安逸。一路走来历经风风雨雨，但她始终保存着那套视如珍宝的查尔斯·狄更斯作品集，她后来夸耀说作品集可是经历了水与火的考验而保全下来的。后来是她的女儿尤多拉接手保管了这套作品集，时至今日，你仍可以翻开那破旧的集子当中的某一本，还能在里面发现出自河里淤泥的斑斑点点。年轻的克里斯蒂安·韦尔蒂于1904年从俄亥俄州前往

西弗吉尼亚州的木材公司工作，遇见切斯蒂娜·安德鲁斯并爱上了她。他们决定结婚时，立誓要创造新的生活。他让她来作出选择，他们要么搬到纽约上州的千湖地区，要么到密西西比州的杰克逊。切斯蒂娜选择了杰克逊，尽管他们的女儿在回忆录《一个作家的起点》中写道："在1904年，以俄亥俄乡村和西弗吉尼亚乡村为立足点来看，那里恐怕和今日年轻人看待曼谷一样，感觉相当遥远。"

尤多拉·韦尔蒂尊敬父母，认为必须确保她的家成为承载他们记忆的圣地。不过在至关重要的一个方面，她却和父母截然不同：吸引她的并非将来，而是现在和过去。她的长篇小说和短篇作品都证明了她的这一信念："小说其实探究的是此时此地，或者是转变成此时此地的过去。"在她的父母感兴趣的知识与进取之处，她却为观察和回忆所深深吸引。鲜有作家如此珍视过往，因为她就生活在其中，毫不夸张。1925年她十六岁时父亲所建造的房屋就是她余生一直居住的地方。她的卧室为她所用逾七十五年之久，就是在那房间里，她写出了为她赢得读者喜爱和评论家尊崇的长篇小说，从1942年的《强盗新郎》到1972年她为此获得普利策奖的《乐观者的女儿》，其间还有《三角洲婚礼》(1946)和搬上百老汇舞台的《庞德的心》(1954)以及广受好评的

左上：派恩赫斯特街1119号。左边的门廊有一段时间是围起来的，后来一场飓风改变了情况。

右上：韦尔蒂在花园的棚架下，约1930年。"我最初开始写作时，"她后来回忆道，"尚未像后来那样常在花园里劳作，我可能在起初那一批短篇小说中犯了不少错而不自知。有一回我收到一封陌生人的来信，是在我发表了题为《疏网》的短篇小说之后吧，应该是，反正就是第一部小说集里的。他写信说：'亲爱的女士，我很喜欢读你的作品，但蓝松鸦可不会站在铁轨上。'非常确定，它们不会。但你明白的，我什么都没多想。我对鸟类一无所知。很可能蓝松鸦就是我当时唯一知道的鸟名。不过这种事情你可不想搞错。"

右图：走进房屋之时，你可以向左进入客厅，或者向右进入如图所示的起居室。这里原本是她父母的卧室。在她晚年，决定将她的房屋留给密西西比州后，她想确保房屋有一部分成为纪念父母的圣地，她对他们的回忆是她最为珍视的财富。她委托绘制了他们的几幅肖像画挂在家里。“他们是极其通情达理的父母，他们俩都是。”她回忆。自最初起，他们就鼓励她努力成为作家。

《失败的战争》(1970)。

不过读者最喜爱的始终是韦尔蒂的短篇小说，从她第一部短篇小说集同时也是她的处女作《绿帘》开始即是如此。凯瑟琳·安·波特为该书作序并赞扬韦尔蒂具有尖刻犀利的诙谐和分寸拿捏得当的残忍：“她耳聪目明，简直和调音音叉一样敏锐而又可靠。”这部短篇小说集和后来的小说集都展现了她对于形式的高超掌控。无一处模糊不清，无一物不为人所察。当她的描述在叙事之上披上浅浅的一层超现实的薄纱之际，会出现喧嚣闹腾的幽默，或是阴森可怕的死寂。她对于常人四平八稳的道德感和对社会弃儿的同情心并行不悖。尽管她也写了英国、爱尔兰和纽约，但她最出色的作品还是以密西西比州为故事背景，因为她认识到，“我们伸展根茎，伸向出生、机遇、命运或者游荡的自我把我们安顿下来的地方”，而这些根反过来又“伸向深层流动的脉络，始终如一，永不间断，处处纯然是其自身，与人类的理解判断相互滋养”。

她自己的根深植于杰克逊。她出生在杰克逊北议会街上的房子，那是他们的第一个家。在这同一条街上，坐落着州议会大楼，韦尔蒂孩提时去公共图书馆时踩着旱冰鞋从议会楼的大理

左上：起居室。柜子是韦尔蒂的父亲送给妻子的礼物，她在里面收藏着她作品的特别典藏版以及专门题写签名送给母亲的几本小说。底下的抽屉里放着家庭圣经和她父亲的手表。

左下：餐厅。餐桌上往往堆满了报纸，每次要举办宴会时都得清理一番。肖像画上是她的父亲。

对页，上图：客厅。韦尔蒂最青睐的是左边那把印花的安妮女王朝代风格的阅读椅。

对页，下图：她的弟媳米蒂·克里克莫尔·韦尔蒂、她母亲切斯蒂娜·安德鲁斯·韦尔蒂、她弟弟沃尔特·韦尔蒂和尤多拉·韦尔蒂二十世纪四十年代在客厅中。

后页：韦尔蒂的卧室，从她写作的书桌后面看过来。“我是早上做事情的人，”她曾说过，“越早开始越好。在写作过程中，我起床时就知道我想写些什么。所以我起床就准备开始了，我尽量充分利用早晨的饱满精力和清醒状态。”

石门廊穿行滑过，从近的门进、远的门出，免得遇上图书馆员卡洛维夫人，这位严格的图书馆员一次只让她借两本书，而且如果她没有穿足够长的衬裙，还会把她赶出去。家里也有书——从童话故事到字典都有——年轻的韦尔蒂将所有时间都置身书中神游四方。1925年，拉马尔人寿保险公司建成新的总部大楼——一幢六层高的哥特式建筑，以“杰克逊第一座摩天大厦”为众人所知。韦尔蒂的父亲深为设计这座大楼的来自沃思堡的建筑师所折服，因此委托他也为自家设计建造新房——选址不在市中心，而是在位于有轨电车终点站附近安静清幽的派恩赫斯特街上，就在浸礼会女子学校贝勒黑文学院校园的对面。房屋的设计是熟悉的郊区别墅类型，都铎式的建筑式样，下面用砖，上面是露明木架和拉毛粉饰。房屋坐落于一块约莫四分之三英亩的地块上，就在街道背后，周围山茶花丛环绕，边上种有松树和橡树。经过一座棚架，往下走几步穿过一小座石头花园，后面还有花丛。一小片草地两边分别是多年生植物花床和扦插枝条花园，再穿过一座棚架是玫瑰园，后面有林地园

子。和母亲一样，韦尔蒂也热衷园艺，经常和母亲一起在花园中忙碌，在作品中提及的植物超过一百五十种。

门厅左边是宽敞的客厅。若干沙发和椅子在壁炉边摆成一大圈呈半圆弧，壁炉架上挂着艾格尼丝·西姆斯所作的一幅油画。斯塔福德郡产的莎士比亚和维多利亚女王的小雕像守卫着壁炉架，周围还有照片、装饰盒子和锡盘——那些都是一次次旅行和一位位朋友留下的痕迹。一整面墙的书架上都是她最喜欢的作家的书：科莱特和乔伊斯，艾略特和奥登，与此同时还有亨利·格林、伊丽莎白·鲍恩、弗吉尼亚·伍尔夫、威廉·特雷弗、霍华德·莫斯、玛丽·拉文、彼得·泰勒和威拉·凯瑟。房间一隅，在前部窗户和通往门廊的两扇落地窗之间，摆放着她的椅子，椅子边上的小电视托盘桌上她放了一本《布鲁尔习语和寓言辞典》，还有一盒巧克力以及一堆有待回复的信件。每位作家生活中的劫数就是收到——似乎天天都收到——抱有希望的出版商寄来

DAILY REMINDER
1979

蒙特山庄，莱诺克斯，马萨诸塞州

伊迪丝·华顿 1862–1937

1922年，伊迪丝·华顿的声誉如日中天。此前一年，她成为第一位获得普利策小说奖的女性，奖项授予的是她那本洞察人情世事的长篇小说《纯真年代》。她新出的小说《月亮的隐现》也畅销一时。（次年被搬上银幕并大获成功，由妮塔·纳尔迪和贝比·丹尼尔斯领衔主演，F.S. 菲茨杰拉德负责编剧。）和她多部作品一样，《月亮的隐现》描绘的也是幻灭。年轻的美国夫妇尼克和苏西·兰辛，那么愤世嫉俗，又那么富于幻想，用华顿夫人的原话是："屡屡绊倒在业已过时的多思善感和遭到弃绝的理想典范上"。不过早在他们在欲望中作茧自缚无法自拔以前，苏西一直想着他们的英国朋友斯特弗雷德。美国人居无定所，暂时寄居在时髦的四海为家者那里，漫无目的地到处漂泊，而斯特弗雷德就不一样。斯特弗雷德有一座平淡无奇的乡间大宅，他一再想着：

对页：蒙特山庄的藏书室内她的书桌。她在这张书桌上只是写写信，她喜欢在床上写小说。回望她写作生涯的开端，在她发表作品以前，华顿夫人回忆道："我们曾到波士顿与夫家同住，我在波士顿是个失败的人，因为他们觉得我太过时尚而不够聪明，我在纽约也是个失败的人，因为他们觉得我太过聪明而不够时尚。"

> 如同他浮浮沉沉、开枝散叶的此生，那般单调而又自给自足的生活已经延续了一代又一代；正是对于那座大宅以及它所代表的一切的感觉——哪怕为他所逃离、所轻慢——却也时不时出现在他的谈吐之中，出现在他对待某人或某事的态度之中，赋予他更加坚实的轮廓，赋予他较之人生舞台上其他牵线木偶更稳固的立足点。

上图：蒙特山庄，今日和1906年冬天的样子。温室是地产上的若干附属建筑之一，附属建筑还包括一座带有十四个隔栏的马厩，一座谷仓，一处门房和几座小屋，他们的管家阿瑟·怀特就住在其中一座小屋里。到1904年，花园都建好落成了。遵循她在她所写的名为《意大利别墅和花园》的书中所倡导的原则，她坚持要有独立封闭的花园区域，与房屋划分为流畅衔接而又各具特色的不同房间这一点相映成趣。

假如她的梦持续到后来，那可能就是伊迪丝·华顿与蒙特山庄——一座靠山，一处避难所，一个稳固的立足点——之间的关系。不过待到她写下那段文字时，她自己的梦已经破碎，山庄已然失去。又过了十载，在她的自传《回眸一望》中，她还能够写到那残存的梦："蒙特山庄是我第一个真正意义上的家，尽管距我上一次看见它以来已经近二十年了（因为我在那里过得太幸福了，所以不想作为外人去故地重游），但它的幸福影响犹在我身上。"

实际上，与其说华顿夫人发现了蒙特山庄，不如说她是逃到了那里。到1899年，她已经与爱德华·华顿（朋友们叫他"泰迪"）度过了十四年并不幸福的婚姻生活，华顿夫妇前后分别在曼哈顿的褐砂石宅邸、新港的度假别墅以及欧洲的一些旅馆居住。她是发表了作品的作家，前途光明，但经常受到反复发作的病痛困扰。那年夏天在新港，她又一次被她称之为"晕船"的病症折磨，那是一种以恶心和极度疲劳为表征的几近麻痹性的抑郁。听说她婆婆在马萨诸塞州莱诺克斯的房子空着，她一时心血来潮就打包行李来到了伯克郡。干燥的山间空气让她放松心情，振作精神。从此以后，每当在外旅游或者在新港生活得精疲力尽之际，她就回到莱诺克斯休养生息。几年时间里，她在文学上获得的成功使得她自信满满，决定在莱诺克斯设计建造一座属于她的房子。1901年2月，她以四万零六百美元的价格，洽谈购买了一百一十三英亩的地产，地契只在她一人名下。购入地产后她旋即咨询建筑师小奥格登·科德曼。他们两年右上：从蒙特山庄的露台看出去，一段宽阔的石头楼梯向下通往花园和林荫道。

右下：蒙特山庄露台上，亨利·詹姆斯、泰迪·华顿和霍华德·斯特吉斯（加上华顿夫人的一条狗）摄于1904年的照片，很可能由华顿夫人本人拍摄。她有时认为詹姆斯的风格过于挑剔，而他有时认为她的成功实属粗俗，但在多年来的岁月里，他们真诚相待，他显然是她艺术上的楷模，他的谆谆教导和雄心壮志鞭策她不断进步。他到蒙特山庄做客倍受珍视，而她到詹姆斯的隐退居所兰慕别墅做客则有所不及。一次这样的上门做客之后，詹姆斯写到她的活力让所有人目眩："磨成粉，碎成浆，完全臣服。""她的破坏力，"他说，"简直无法言喻，她拒不休息这一点绝对够悲剧，她再聪颖能干、再饶有趣味不过了。"

下图：华顿夫人的"秘密花园"。

后页：从入口"岩洞"通往这一美轮美奂门厅的楼梯，地面镶嵌大理石，厅内遍布来自意大利的雕像。

前一起合著出版了《房屋装饰》，在作为建筑设计延伸的装饰领域，该书至今依然是不同凡响的便览手册。他们要抗衡的是彼时被他们嗤之为"粉饰粗俗"的风格，华顿夫人此时想要的是比例得当、整体和谐的房屋，绝不与镀金时代的那种俗气粗鄙为伍。

由于在科德曼的费用上发生了争执，华顿夫人转而聘请弗朗西斯·V. L. 侯宾绘制设计蓝图并监督施工。他和华顿夫人花费多时修改方案，设计以克里斯托弗·雷恩爵士的林肯郡贝尔登寓所为蓝本。与此同时，她的第一部长篇小说大获成功（总统西奥多·罗斯福也非常欣赏这部小说），她已经四十岁了，到了做出决断的时刻。她将全部精力投入蒙特山庄（为纪念她声名显赫的祖先艾比尼泽·斯蒂芬斯在长岛的家宅名号而命名，他是波士顿倾茶事件的发起人之一，也是拉斐德的同僚）。到1902年夏天，她终于可以写信给朋友："一切都抽枝发芽，不单是白菜和草莓，电灯和水暖管道亦是如此。"不久以后，华顿夫妇入住新居。她恢复了健康，而且作为美国杰出女作家声名鹊起。蒙特山庄是她作为独立女性、作为成功作家的闪亮象征。

华顿夫人并没有沿袭她长久以来住惯了的新港那些宅邸的设计思路来设计蒙特山庄。范德比尔特和阿斯特家族那种带有豪华的楼梯和硕大的房间的阔气排场并不合乎她的审美趣味。"我有时候想，"她曾写道，"一个女人的本性就像是一座房间众多的大宅。"反之亦然，从她为蒙特山庄的设计之中，我们能看出华顿夫人的性情。她设计的房屋并不是为了显摆，而是为了拥有私密空间，为了有一个可以安心写作和招待小范围朋友的地方。前来山庄的访客先到达一处以粉刷成白色的砖围起的庭院。她认为房间应该各具特色，而又自然流畅地从一个房间过渡到另一个房间，因此访客首先进入的是一个装饰成岩洞风格的房间——户外生

左图：餐厅。结实牢固的木桌可容纳十人就座。华顿夫人更喜欢小规模的宴会，宾主可以更亲密热烈地交谈。在她坐的位置，她在桌下放了一把看似脚凳的小凳，其实那是给她的叭儿狗的小小沙发。

对页：气派不凡的客厅，厅里有镀金镜子和钢琴，有大幅油画和大理石壁炉，高屋建瓴，线脚精美。尽头藏书室的景象显示出华顿夫人在室内设计中多么想创造出房间之间行云流水般的自然过渡。

活被带到了室内——然后经由侧面一处独立的楼梯拾级而上进入主层。即便是到了陈列大量雕像的主厅，访客也自然而然地被引导着远离通往卧室楼层的楼梯间，这强化了房屋的私密性。毕竟，华顿夫人整个上午都在楼上卧室里的床上孜孜不倦地写作。只有当她下楼会见来访友人时，山庄才显得生机盎然。

在主层，绕过泰迪的小书房，就来到了令人印象深刻的装有护墙板的藏书室，再往里走就是客厅，厅里以石膏天花板和织锦挂毯装饰。客厅显得出人意料的狭长，但直通向开阔的阳台，阳台几近房屋的长度，上方搭有绿白条纹相间的遮阳篷。客厅另一端是餐厅，里面设有一张圆桌，她觉得圆桌有助畅谈。她喜欢小规模的团体，只有六到八个人的聚会，她视若珍宝的朋友们——其中包括沃尔特·贝利、伯纳·德伦森、盖勒德·莱普斯利、乔治·卡伯特·罗杰和最重要的亨利·詹姆斯——经常到她家聚会。和陌生人相处时，华顿夫人经常以冷冰冰的傲慢态度和硬邦邦的光鲜外表来掩饰内在的羞涩，但在熟悉的朋友面前，则待人真诚热情，谈吐诙谐风趣。餐厅这一公用空间的尽头是一片由厨房和配餐室、洗衣房和仆人居住的区域（她雇用的帮佣达十几人之多，还有几位园丁）组成的后勤网络。

楼上有客房、泰迪的卧室和伊迪丝的套间——包括一间偏安一隅的宽敞卧室、梳妆室和浴室。和许多作家一样，她在床上写作，写满一张纸之后就丢到地上，由秘书捡起来整理誊写。然而有别于普鲁斯特的卧室，华顿夫人的卧室有多个窗户，光线充足，而正是在这个明亮的卧室里，她挖掘她所塑造的那些光彩照人的人物角色的阴暗内心。

和房屋的整体外观一样，蒙特山庄的花园和周围如画的风景形成了富于古典韵味的对照。通往山庄那条长长的由糖槭树构成的林荫小道、迤逦穿行于草木繁盛小山丘的小路和徐缓向前流淌的蜿蜒小溪，与山庄前那片草地堪称相得益彰。草地一直延伸到云杉环绕的劳莱湖，可以遥望提林汉姆群山的景色。不过华顿夫人不喜欢那里高低不平的粗糙地形，设想今后要以她悉心研究并撰写的《意大利别墅和花园》一书中提及的那些花园为范式，在蒙特山庄建造起一系列意大利式的花园。该书于1904年出版，就在她令世人刮目相看的小说《欢乐之家》出版前一年，《欢乐之家》的畅销使得她得以完成此项规划方案。或许她也听取了她的侄女比阿特丽克斯·琼斯的建议。（婚后名为比阿特丽克斯·法兰德，后来成为知名的景观设计师，设计了敦巴顿橡树园以及耶鲁大学和普林斯顿大学的校园。）不过华顿夫人大权在握，她对花园情有独钟——她显然认为花园是“房屋的延伸”——这一观念占据了压倒性优势。房屋前面三块草地像梯田一样逐次往下排布，最底下那块草地两端分别坐落着她最主要的两座花园，花园之间由一条长达三百英尺的铺着砾石的步道相连，步道两侧种着椴树。从房屋看过来，右边是她的秘密花园，这座部分下沉式的花园由墙围住，环绕圆形喷水池的是树荫遮蔽之下的花坛。房屋另一边，只见一座秩序井然的花园，花园里有四处L形的苗圃，构成外缘边界的狭长花坛五颜六色——金鱼草、牵牛花、石竹、钓钟柳、福禄考和飞燕草，应有尽有，这么一来，减轻了几分原来粗糙的田园风味，增添了几分诗情画意。视线越过石头花园，华顿夫人从卧室就能看见她窗户底下这片美丽风景——她曾称之为“飘浮在阳光下的东方织毯”。

左上：1904年10月，华顿夫人膝上抱着一只狗，和亨利·詹姆斯一起坐在她新买的波普哈特佛汽车的后座，正准备出发到伯克希尔山兜风。她的司机查尔斯·库克执掌方向盘，不爱出门的泰迪·华顿带着另外两只狗站在边上。

右上：放在华顿夫人床尾的行李箱之一。旅行对她而言既是训练也是享乐，是调查研究的方式，也是消遣解闷的手段。

对页：她在里面待得再久也不嫌多的房间，尽管她向朋友鸣不平说她简直有着“管家婆”的一面。显然，与其说她是管家婆，不如说她是女主人更恰当，而且是要求严苛的女主人。她监督指导一大批雇员。其中最忠心耿耿的当属来自阿尔萨斯的凯瑟琳·格洛斯，她为华顿夫人工作了将近五十年。

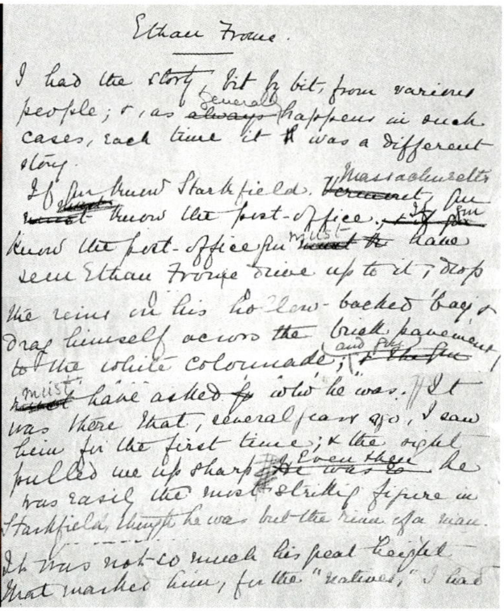

Ethan Frome.

I had the story, bit by bit, from various people; &, as generally happens in such cases, each time it was a different story.

If you knew Starkfield, Massachusetts, you know the post-office. If you know the post-office you must have seen Ethan Frome drive up to it, drop the reins on his hollow-backed bay & drag himself across the brick pavement to the white colonnade; and you must have asked who he was.

It was there that, several years ago, I saw him for the first time; & the sight pulled me up sharp. Even then he was easily the most striking figure in Starkfield, though he was but the ruin of a man. It was not so much his great height that marked him, for the "natives," I had

上图：华顿夫人的一支自来水笔和基于在莱诺克斯发生的一场事件而写的《伊坦·弗洛美》手稿的开头。她清晰流畅的笔迹显示她对文本所进行的修改。例如小说中的斯塔克菲尔德镇最初设定位于佛蒙特州，后来改成了马萨诸塞州。

对页：从客厅看到的藏书室景象。有位朋友评论说："伊迪丝和泰迪两人都喜欢款待风趣的人，尽管有时我觉得他们的风趣压过了涵养。在这一点上，泰迪比伊迪丝更敏感，他偶尔也会在他取悦不了她时容忍能引起她关注的人。"

就在蒙特山庄俯瞰着这些花园的露台上，华顿夫人和她的朋友们在宜人的夜晚时分坐看风景，笑谈人生。最难忘的一晚想必是1904年10月中旬。亨利·詹姆斯来做客。晚饭后，他和华顿夫人退到露台朗读诗文，就像他们惯常那样。在她的自传中，她回忆詹姆斯朗读诗歌时扣人心弦的样子——几乎是以吟唱的方式来诵读，即便是最复杂的韵律，他读起来也不会磕磕绊绊，而是势不可挡"如巨浪一般，直到他嗓音的全部重量落在最后一个音符……詹姆斯的朗读有一种超然风范，是他最内在灵魂的闪耀，毫无赶时髦的装腔作势或者演说般的做作。他是用灵魂在朗读"。那个特别的夜晚，他们谈论的话题转到了沃尔特·惠特曼的诗歌。他们惊奇地发现，惠特曼是彼此的最爱，两人都认为惠特曼是美国最伟大的诗人。从藏书室拿来一册惠特曼《草叶集》后，他们长谈入夜，谈论诗人的天赋才情，轮流朗诵他那雄浑有力的诗歌——《我自己的歌》和《最近紫丁香在前院开放的时候》。当詹姆斯读到《来自不停摆动着的摇篮那里》时，据华顿夫人回忆，他不再那么振聋发聩，"他用一种压制住狂喜的语调低吟，直到那重复了五遍'死亡'的祷词如同《第五交响乐》开场几节里的敲打声一样鸣响"。

她也很喜欢与詹姆斯一起在新英格兰地区风驰电掣地兜风。詹姆斯总是折服于华顿夫人不知疲倦的充沛精力，以两位小说家挤在她发动机突突作响的汽车后座时尤甚，此时她丈夫和叭儿狗留在市区不出去，而司机乖乖听她发号施令。华顿夫人欣赏乡村景色，但对居住在那里的民众却不抱什么希望。"美国的乡村风光一望无际，"她曾说过，"可美国人的思想没有底蕴。"

惠特曼之家，坎姆登，新泽西州

沃尔特·惠特曼 1818–1892

1892年3月30日，惠特曼葬礼上，他的追随者们聚集在坎姆登的哈里公墓一顶开放的小帐篷下他的灵柩周围，此时诗人更是被当作哲人来纪念。当然，他的哀悼者都清楚，他是伟大的原创性诗人，横扫一切陈腐传统，大胆创造了立意恢弘、无所不包的诗歌。他这位诗人，自最初起，其诗句篇章就被拉尔夫·沃尔多·爱默生称之为“美国至今所能贡献世人的一部结合了才识与智慧的不同凡响的杰作”。他启迪了全世界范围内的作家，他在本土的影响也何其有幸从未曾减少一丝一毫，他那浩瀚不朽的特质之强烈、之大气、之和煦，甚至界定了美国文学想象的维度。葬礼上诚然朗读了《最近紫丁香在前院开放的时候》中的一节，但更多时间则用于纪念惠特曼作为最重要的民主主义者和解放者的救星角色所带来的成就。回忆起他，用那天下午一位发言人的致词：“披荆斩棘，谔谔以昌，虽千万人而往，大爱无边。他背负福音的重担而来，那是关于独立个人的福音；他来到这个世界，教导大家灵魂不优于肉体，肉体也不优于灵魂，二者同样重要，教导大家没有什么——哪怕是上帝本身——能比人自己更

对页：米格尔街上惠特曼家的木质排屋。
左图：惠特曼的住家厨师兼管家玛丽·O.戴维斯、保姆沃伦·弗里茨英格和达尔马提亚犬沃驰在房屋前。惠特曼的朋友贺拉斯·屈劳伯尔指出：“人们常批评戴维斯夫人，说客厅和惠特曼的卧室显然乱七八糟的。事实上是惠特曼不赞成对他那些草稿有任何打扰，哪怕是她要来收拾也不行。”

伟大。”为了证明他博洽多闻的特质，葬礼上还诵读了从孔子到柏拉图、从佛陀到《古兰经》的段落。其中读到了来自《圣经新约》中的一段话，那么做纯粹是认为这段话对于一个具有无限悲悯的人而言尤为恰如其分："虚心的人有福了，因为天国是他们的。"

上图：前厅。厅里各色古玩之中有两座格罗弗·克利夫兰的雕像。摆设在客厅倒并不是出于爱国或者感情因素。雕像一旦给背后的壁炉烘热以后，就变成厅内额外的热源。

今日到坎姆登惠特曼故居的游客应当铭记那些话语。如今的坎姆登是个凋敝没落的市镇，而米格尔街 328 号更是处在城里的荒凉之地。径直穿过马路，只见一座丑陋的县监狱庞然而立。房屋后面的花园以带刺金属丝作为篱笆围了起来。然而这座装有楔形护墙板的小型排屋就那么无畏地矗立在那里，曾几何时，居住在里面的诗人还深情凝望着“疯狂的狱中囚犯，那些可怕的穷凶极恶之徒”。

惠特曼在米格尔街感觉如鱼得水，1884 年他搬到此地，距离坎姆登码头仅仅几个街区之遥，还可以远眺宽阔的特拉华河那头费城的教堂尖顶，这里或许让他想起了十九世纪四五十年代他居住过的布鲁克林，彼时他在那里先后当过排字工和记者。坎姆登是工人阶级的城市，作为船运、铁路运输和渡船繁忙的交通枢纽一派欣欣向荣。一张惠特曼卜居期间的米格尔街照片显示这里俨然绿树成行，道路两边的砖砌排屋井然有序。不过，诗人的朋友们其实认为选择此处是个糟糕的决定。火车站让这里成为城里的喧嚣之地，河对面的鸟粪肥料厂也使得这里臭气熏天。

右图：放在前厅内一张椅子靠背上的惠特曼的帽子。他提到过一个上门提供服务的制帽匠："上门来的是个年轻人。他讲话很有说服力。我挺喜欢他的：有话直说，有感染力，非常坦率，看起来明白我的意思——最好的一点是能遵照我给他的指示——这在裁缝或者制帽匠当中可够让人喜出望外的……我很直白地下了订单——给他写出来，别在旧帽子上——还警告他说：'现在你要当心了：如果不完全按照我的要求来，那我可就把帽子留在你手里不取走了。'"

据帮忙照料惠特曼直至他生命尾声的伊丽莎白·凯勒回忆，"说来遗憾，房屋年久失修，显然是整个街区最破旧的住宅"。再者，"吵闹声从早到晚一刻也不停"，新装的电气路灯就在诗人卧室窗外，简直让人不得安生。这一街区"说它什么都行，就是不能说吸引人，所处的地理位置是那种没什么人会选择居住的区域"。她还抱怨说楼梯和门厅过于狭窄，厨房更像是船舱，而惠特曼的卧室就是"一堆垃圾"。惠特曼自己则当然喜爱有加。他称之为他的"小小旧棚屋"或者"我的角落"，会在楼下敞开的窗边坐上一整天，和路人闲谈，听管家的金丝雀啁啾鸣啭。最重要的是，那是他生平拥有的第一个住所，也是唯一的一个，是广阔天地中的栖身之所，是接受众人敬意的圣地。（一封从英国寄来的信只写着"美国，沃尔特·惠特曼收"，结果也一刻不耽搁地到达了米格尔街。）不过，是一系列让人痛苦的麻烦事把他带到了那里。

1855年7月，十二首不带标题的诗和一篇长序以《草叶集》为书名问世。书的装帧压花非常精美，内页有作者的平版印刷画像，只见他敞着衬衫，头潇洒地略歪往一侧，"沃尔特·惠特曼，宇宙，粗人中的一个"。书印了七百九十五册，惠特曼自己写了三篇未署名的书评，全都极尽溢

上图：惠特曼卧室的两处场景，他睡在上面与世长辞的床和他坐过的摇椅。在他生前，地上乱七八糟丢满了稿纸；如今房间朴素得如同修道院一般。地上他那双结实的鞋子让人想起他不朽的诗行："假如你需要我，就在你的鞋底下找吧。"

对页，上图：他的杰作。

对页，下图：1865 年为遇刺的林肯写下的挽歌《啊！船长！我的船长！》，惠特曼修改手稿，以便后续重印之用。

美之词。书的销量一败涂地，他个人也灰头土脸，但他百折不挠，就在第二年，他又出了新的扩充版，并且开始展望"大兴建设新圣经"的前景，努力的目标是让《草叶集》激励整个民族。然而南北战争造成了巨大的灾难，击碎了他乌托邦的梦想。他弟弟乔治在弗吉尼亚受了伤，惠特曼闻讯火速赶往前线去照顾他。他在弗雷德里克堡附近下火车时，最先看见的——据他写给母亲的信叙述，"是一堆脚啊手臂啊腿的，就在医院前面一棵树下"。他找到弟弟，但也发现了许多别的事物："我一个个病号转悠过去，我觉得自己也没法给这些受伤或者垂死的人帮上什么忙；但无论如何不能丢下他们不管。"他最终在华盛顿安顿下来，在军队医院里照顾病人，与此同时到陆军军需出纳办公室做兼职糊口。这段时间里，他将他对于年轻士兵和他们命运的感想写了下来，后来以《典型的日子》为书名出版，那是脱胎自这些血淋淋的岁月最为令人痛心、最感人至深的记录。战争深深地震撼了惠特曼，软化了他的斗争姿态。1865 年他接受内务部的一个职位，但后来被内政部长詹姆斯·哈兰开除，因为哈兰发现惠特曼办公桌上有一本《草叶集》，认为此书淫秽下流。当他心目中的英雄林肯遇刺时，他知道这个国家的动乱已经毁掉了最好的希望。他依然不停地出版作品，以他词句之中的人文力量吸引全世界的注意。然而疾病悄然袭来，1873 年 1 月，他遭到一场瘫痪发作的打击。几个月后，从他在坎姆登当管道检察员的弟弟乔治那里得知母亲健康情况急剧恶化，他连忙赶到她身边。三天后她撒手人寰。他原本打算返回华盛顿，后来却继续留在坎姆登。他喜欢他的弟媳路易莎，喜欢这个地方既距离大城市费城不算远，又同有助于人身心复原的新泽西乡村近在咫尺。

1882 年，又一新版《草叶集》在波士顿出版后不久，波士顿地区检察官警告说他认为书中

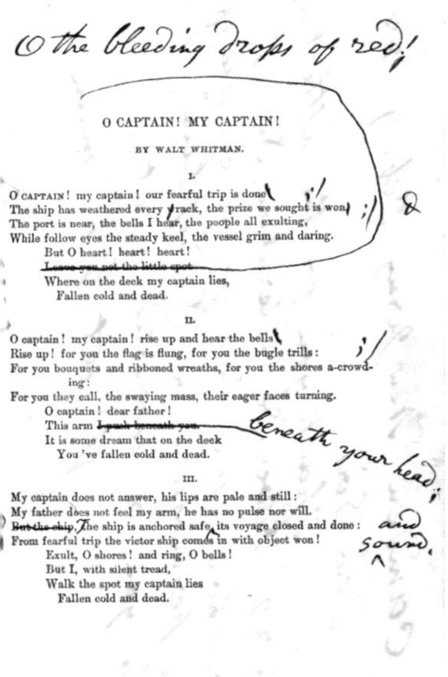

O the bleeding drops of red!

O CAPTAIN! MY CAPTAIN!

BY WALT WHITMAN.

I.

O CAPTAIN! my captain! our fearful trip is done ;/
The ship has weathered every rack, the prize we sought is won ;/ &
The port is near, the bells I hear, the people all exulting,
While follow eyes the steady keel, the vessel grim and daring.
But O heart! heart! heart!
~~Leave you not the little spot~~
Where on the deck my captain lies,
Fallen cold and dead.

II.

O captain! my captain! rise up and hear the bells ;/
Rise up! for you the flag is flung, for you the bugle trills:
For you bouquets and ribboned wreaths, for you the shores a-crowding:
For you they call, the swaying mass, their eager faces turning.
O captain! dear father!
This arm ~~I push beneath you.~~ beneath your head;
It is some dream that on the deck
You 've fallen cold and dead.

III.

My captain does not answer, his lips are pale and still:
My father does not feel my arm, he has no pulse nor will.
~~But the ship~~, The ship is anchored safe, its voyage closed and done: and sound.
From fearful trip the victor ship comes in with object won!
Exult, O shores! and ring, O bells!
But I, with silent tread,
Walk the spot my captain lies
Fallen cold and dead.

有些诗肮脏淫秽，出版商撤回了书——这样一来，可想而知，在其他地方，此书的销售额就增加了，因此惠特曼生平第一次有了些钱。那年他的版税收入达一千四百三十九美元，而前一年他的版税加起来才二十五美元。无巧不成书，次年他弟弟乔治就搬到新泽西的伯林顿去了，诗人不得不离开家园。1884 年 3 月，惠特曼搬入米格尔街 328 号，一个月后以一千七百五十美元的价格从守寡的女裁缝丽贝卡·简·黑尔手上买下这座房屋。

房屋或多或少有点稀奇，倒不是因其建筑风格——杂糅混合了希腊复兴风格和殖民复兴风格的种种细节——而是因为它是木结构建筑。房屋建于 1848 年，是整个街区中的第一座，五年后坎姆登城颁布法令禁止再造木结构建筑。因此，左邻右里都是砖结构建筑，惠特曼新买的房屋对他而言颇具吸引力——他这个人喜欢长距离徒步穿行原野或者在新泽西的池塘游泳——纯粹因为房屋那富于乡村风味的外观。

他的第一位管家雷夫人——他腿脚不便意味着他需要人帮忙——

让他不太满意，第二年就换成了待他真挚忠诚的玛丽·戴维斯，她对他关怀呵护备至，为他量体裁衣，为他修整外表仪容。她会在渡口接他，陪他上公共汽车，最让他满意的是，会给他端上他最爱吃的正餐，包括炖牡蛎、烤全麦面包和啤酒。在米格尔街安家第一年，他喜欢把餐食端到前厅去，常在窗边一张凌乱的桌旁待上一整天，他的达尔马提亚犬沃驰就蜷在他的白藤摇椅脚边。房屋装有煤气灯和自来水管道，墙纸和地毯具有维多利亚时代后期那种绚丽风格。壁炉两侧有他双亲的油画肖像，壁炉架上是一幅风俗画，惠特曼总说画上那满脸写着热情友好的中产阶级市民是"荷兰人"。壁炉架上到处都是访客和崇拜者留下的照片或贺卡。后厅在推拉门的另一头，招待客人时可以打开推拉门以扩大空间。马鬃椅子摆放在胡桃木书架两侧，书架上塞满莎士比亚、司各特、但丁、爱默生、乔治·桑和爱比克泰德的全集作品。再过去是厨房，外面的后花园里种植着一年生植物和草本植物以及绣球花，小小的藤架上攀爬着紫藤，还有一座室外厕所。楼上后部是戴维斯夫人的卧室以及一间放有供惠特曼使用的铜边浴缸。靠近前部是一间面积稍小的卧室，给玛丽·戴维斯的养子沃伦·弗里茨英格住，在惠特曼生前最后几年，他给惠特曼当保姆。当无力爬楼梯之后，诗人就整天待在这个房间里。他生前最后几卷合集都在此完成，包括《十一月的枝桠》(1888)、《再见吧，我的想象力》(1891)，并且监督把关被称作"临终版"的最后一版《草叶集》以及他的《散文作品全集》。这些年他孜孜以求打算在他的传奇上添上最终几笔，提起他于1890年自行设计而安排建造的哈里公墓内的墓地，不免值得回味。根据与P.莱因霍特公司签订的合同条款，墓地平台、四墙、柱头和顶盖都以产自马萨诸塞州昆西的上好花岗岩建造而成，里面的八处墓穴（后来他的父母、弟弟乔治及其妻子和夭折的幼儿加上惠特曼的弱智弟弟艾迪都重新落葬于此）用宾夕法尼亚的蓝色大理石建造。为了这座陵墓，他同意支付四千六百七十八美元，高达他房屋价格的两倍多。

惠特曼自己在生前最后若干作品中留下了关于他卧室的生动描述，他会坐在一张宽大的扶手椅上，椅背上铺一块黑色银色交织的狼皮，用手杖指指点点那些"乱七八糟堆积如山的书、报纸、杂志、乱丢的信件和公告、拒稿、备忘录、粗细绳线、一捆待'特快发送'的信和两三册剪贴簿"。紧靠四墙放着一箱箱他的文件、一堆堆书和散落的印刷校样。卧室正中有两张大桌，桌上遍覆文件和写作材料，还有"若干玻璃和陶瓷质地的瓶瓶罐罐，有些装着古龙香水，有些装着蜂蜜、粗砂糖和一大束新摘的美丽黄色菊花，有些待寄的信纸和信封，边上还有许多照片和难以描绘的百样物品"。在他去世前一年，他写道："大体说来，我算保持着轻松愉快的精神状态，身体遭受的病痛稍有消停时就尽量多写作，多到太阳底下晒晒，多下河里游游泳。"尤其是他说过："我坚持心灵的绝对信念毫不动摇，不但坚信心灵自身在文学方面原本的蓝图愿景，更坚信从东到西、从南到北、从城市到乡村、历经风雨和岁月的美国人文本质主体。"他是这样一位诗人，相信通过写出《自己之歌》，可以包含全部人性：

我赞美自己，歌唱自己，
我拥有的一切你也会拥有，
因为属于我的每一个原子同样属于你。

我自相矛盾吗？
很好，那我就自相矛盾吧，
（我心胸宽广，包罗万象。）

白天最后的脚步为我停留，
它把我的影子随着其他影子，和所有影子一样投在黑蒙蒙的旷野，
把我慢慢化为雾汽和黑黯。

我像风一样离去了，对逃走的太阳甩甩白发，
我把我的肉体倾入旋涡里漂流。

我把自己交付给泥土，我将从我爱的青草里长出来，
假如你需要我，就在你鞋底下找吧。

你会不知道我是谁或我的意思，
但我有益你的健康，
会清洁、充实你的血液。

第一次找不到我，继续保持勇气，
在一处错过了我，就去别处寻找，
我总会在某个地方等着你。[1]

在他去世前几个月，惠特曼的朋友们给他买了一张新的床，橡木床头板美观大气，后来又给他买了一个注水床垫以缓解疼痛。然而他始终精神振奋，甚至还开玩笑说他只记得一件事，那就是提醒自己已经给大众遗忘得差不多了。“我就在这里，”他说，“在码头忙着腐烂在阳光下。”但他还记得他热情高涨的“黎明之诗”，他展望英勇崇高的美利坚带领人类走向自由平等、走向四海兄弟因坚信“神是人民”而无悔奉献的未来。他生前最后那个下午，身体状况急剧恶化，他抓住朋友的手，劝他要坚强：“手要抓牢——你两脚站稳了。我坚持走了很远的路了——走出了我自己的路，那么漫长！现在我接近终点了——赶了最后一里路：不过书呢——书都好好的！”

1 邹仲之译。

基本信息索引

路易莎·梅·奥尔科特

在父亲因中风而生活无法自理后，路易莎·梅·奥尔科特于1884年以三千五百美元的价格，将果园之家卖给一位名为威廉·托里·哈里斯的布朗森·奥尔科特的追随者（后来成为美国教育部专员）。到了1910年，房屋年久失修，左邻右里都抱怨房屋有碍观瞻。依照方案拟拆除房屋，但住在隔壁道临之家的哈丽特·洛斯罗普发现年轻姑娘们一再前来果园之家，还透过窗户频频窥探，为了保住房屋，她在当年出手买下，并且到康科德妇女俱乐部发出吁请，成立了路易莎·梅·奥尔科特纪念协会，到1911年该协会募集到从洛斯罗普手中买下房屋和土地所需的八千美元并展开了修复工作。自此开始，果园之家一直向公众开放，1963年被选定为美国国家历史地标。

果园之家

列克星敦路399号

康科德，马萨诸塞州01742

开放时间：四月至十月每周一至周六早上十点到下午四点半，周日下午一点到四点半。十一月至三月每周一至周五早上十一点到下午三点，周六早上十点到下午四点半，周日下午一点到四点半。闭馆：一月一日至十五日，复活节，感恩节和圣诞节当天。

问讯电话：978-369-4118
www.louisamayalcott.org

凯特·肖班

1898年肖班将她位于克卢捷维尔的家宅售予一位出生于德国的商人皮埃尔·罗森塔尔。自那以后，房屋的历史就一塌糊涂，尽管一直有人居住其中——二十世纪二十年代，由于一楼要派上更多的用场，于是房屋前部的楼梯给移除了，取而代之的是两段前后连接的楼梯通往二楼。1938年房屋被卖给劳埃德·温克医生，1965年温克又支付三百美元法律手续费用，把房屋立契转让给当时安置于此的长沼民间博物馆创始人米尔德丽德·L.麦科伊。1979年麦科伊将房屋连同一笔信托基金捐赠给纳基托什附近的西北州立大学。1987年所有权再度转让，这次是转让给了纳基托什历史保护协会，如今房屋由该协会负责维护运营。1993年被选定为美国国家历史地标。

凯特·肖班之家

495号公路243号

克卢捷维尔，路易斯安那州71416

开放时间：每周一至周六早上十点到下午五点，周日下午一点到五点。闭馆：元旦，复活节，感恩节和圣诞节当天。

问讯电话：318-379-2233
www.natchitoches.net/melrose/chopin.htm

塞缪尔·L.克莱门斯（马克·吐温）

1891年吐温与妻子离开家以后再也不曾回来，他在1903年以两万七千美元的价格将房屋出售给理查德·比塞尔；他们自己没有保留下来或者没有送给朋友的家具则全都拍卖了。比塞尔家一直住到1917年；后来有五年时间租给金斯伍德男校，再之后若干年作为公寓楼供人居住。哈特福德友人会在哈丽叶特·比彻·斯托的甥孙女凯瑟琳·西摩·戴的领导下，于1929年成立了马克·吐温纪念基金会并出资买下这座房屋。二十世纪三四十年代，这里租给了哈特福德公共图书馆系统，成为图书馆的马克·吐温分支。楼上始终租出去，顶楼直到1974年都还有人租住。1955年开始进行大范围的翻新修缮，也开始寻找当初因拍卖而流失在外的家具。（多数家具都是文物，不过原本许多重要的物件都收回了。）马克·吐温之家于1974年对公众开放。

马克·吐温之家

法明顿大街351号

哈特福德，康涅狄格州06105

开放时间：全年每天早上九点半到下午五点半，周四到晚上八点。闭馆：一月到四月每周二；元旦，复活节，感恩节，平安夜和圣诞节。

问讯电话：860-247-0998
www.MarkTwainHouse.com

艾米莉·狄金森

艾米莉·狄金森去世后，她妹妹拉维尼娅在狄金森之家一直住到1899年她去世。家族后人先是将房屋出租给了租户，1916年又出售给阿默斯特新教圣公会教堂的牧师赫维·帕克，帕克牧师携妻子及五个孩子搬入这里。帕克家族住到1965年，又将房屋卖给阿默斯特学院，直到1999年之前，学院都将房屋的一部分作为教工宿舍之用，但与此同时也对游客开放。2003年，阿默斯特又从玛莎·狄金森·比安基基金会手中购得常青树之家，将两座房屋合并建成艾米莉·狄金森博物馆。

艾米莉·狄金森博物馆

主街280号

阿默斯特，马萨诸塞州01002

开放时间：三月到十二月中旬，开放时日依据季节调整变化。

问讯电话：413-542-8161
www.emilydickinsonmuseum.org

弗雷德里克·道格拉斯

道格拉斯在遗嘱中把房屋留给他的第二任妻子海伦，但他第一段婚姻所生的孩子们和她对簿公堂，争夺房屋的所有权。他们迫使海伦购买房屋及屋内财产，到1898年她终于举债凑齐购房所需的五千美元。从此海伦决心保全丈夫的遗产，帮助建立起弗雷德里克·道格拉斯纪念历史协会，1903年她去世时把房屋及屋内一切物品立契转让给了协会。1916年该协会联合美国国家有色妇女俱乐部协会竭力维护这份地产，最终安排于1962年将所有权转让给国家公园管理局。经过十年整修，弗雷德里克·道格拉斯之家自1972年起向公众开放，并于1988年被选定为国家历史遗迹。

弗雷德里克·道格拉斯国家历史遗迹
东南区W街1411号
华盛顿哥伦比亚特区 20020
开放时间：春夏每天早上九点到下午五点，秋冬每天早上九点到下午四点。闭馆：元旦，感恩节和圣诞节。
问讯电话：202-426-5961
www.nps.gov/frdo

拉尔夫·沃尔多·爱默生

爱默生去世后，他的妻子和女儿爱伦继续住在这里。后来爱伦在独居期间，接收了海伦·莱盖特和格蕾斯·赫德两位教师作为房客，并商定待她过世后——届时房屋会传给她弟弟爱德华及其家人——两位教师可以继续住下去。海伦·莱盖特一直住到1948年。自那时起，一对负责照管的夫妇，维基·登普西（她为莱盖特小姐工作多年，并接替她成为管家）和她的丈夫约翰尼（他负责养护硕果累累的菜园）就生活在这里，直到1981年。1930年，爱默生家族成立了拉尔夫·沃尔多·爱默生纪念协会，这个非营利性的组织如今拥有这幢房子的产权。1963年爱默生之家被选定为美国国家历史地标。

一直有游客前来参观爱默生的书房，1929年房屋再度经历一场火灾后，爱默生家族开始担心书房难以维护。一年后，爱默生纪念协会将书房内的物品都送到街道对面的康科德博物馆，那里建造了和爱默生书房一模一样的复制品，可以供人参观。房屋内部原来的旧书房则以爱德华·爱默生收藏的书籍和家具进行重新组建，与原有的物品相仿。

爱默生纪念之家
坎布里奇公路28号
康科德，马萨诸塞州 01742
开放时间：四月中旬至十月中旬，每周四至周六早上十点到下午四点半；周日中午十二点到下午四点半。
问讯电话：978-369-2236

康科德博物馆
坎布里奇公路
康科德，马萨诸塞州 01742
开放时间：每周一至周六早上九点到下午五点；周日中午十二点到下午五点。
问讯电话：978-369-9609
www.concordmuseum.org

威廉·福克纳

为避免遗产税，福克纳在1954年将花楸橡树别业转让给女儿吉尔。八年后他去世，吉尔和母亲埃斯特尔大部分时间住在弗吉尼亚，偶尔会回来看看，但把房屋租给了密西西比大学，作为前提条件，商定福克纳夫人可以依照自己的心意居住在花楸橡树别业，想住多久就住多久，密西西比大学负责维护房屋和周围场地，可向办理过预约手续的公众展示福克纳的藏书室和书房。这些导览由密西西比大学图书馆的一位馆员、同时也是埃斯特尔的妹妹多萝茜·奥尔德姆主管。埃斯特尔于1973年去世。翌年吉尔彻底将花楸橡树别业售给密西西比大学。从1973年至1977年和2001年至2003年期间，先后进行过翻新整修，1992年至1994年间附属建筑得以复原重建。

花楸橡树别业
老泰勒路
牛津，密西西比州 38655
开放时间：周二至周六，中午十二点到下午四点半。闭馆：元旦，平安夜和圣诞节。
问讯电话：662-234-3284
www.mcsr.olemiss.edu/ ~ egjbp/faulkner/rowanoak.html

罗伯特·弗罗斯特

1911年罗伯特·弗罗斯特卖掉农庄后，房屋至少有两位产权所有人。1942年，约瑟夫·凡·戴恩买下农庄，他修缮房屋并安装中央供暖系统。1953年他将其售给一位名叫李的人，李把这片地产变成一个交易处理旧车部件的废品旧货栈。（大概也是巧合，他将这里取名为"弗罗斯提地产"。）新罕布什尔州在1964年购买了这块地产，这里被赋予美国国家历史地标的地位。经过一段时期彻底全面的整修，于1975年正式向公众开放。

罗伯特·弗罗斯特农庄新罕布什尔州立公园
28号公路
德里，新罕布什尔州 03820
开放时间：夏季，周一至周六早上十点到下午五点，周日中午十二点到下午五点；春秋季周六周日和节假日早上十点到下午五点。
问讯电话：603-432-3091
www.nhstateparks.org/ParksPages/FrostFarm/Frost.html

纳撒尼尔·霍桑

霍桑从拉尔夫·沃尔多·爱默生的叔叔塞缪尔·里普利手中租下了古屋，租期从1842年7月延续到1845年10月。一年后里普利去世，房屋传给他的家人，直到1939年，里普利的孙女莎拉·塞耶·埃姆斯去世，房屋以及屋里的物品连同九英亩地产都转让给了土地保存信托，如今这一保护组织负责运营房屋。1967年获得国家历史地标的地位。

霍桑从1852年到1864年去世时所拥有的道临之家，被其家人在1871年售予了乔治·亚瑟·格雷。八年后，霍桑的小女儿罗丝和丈夫乔治·莱斯罗普又购回房屋，然而两年之后他们年幼的儿子夭折，他们悲痛欲绝，便离开了道临之家。1883年房屋卖给丹尼尔和哈丽特·洛思罗普。（哈丽特·洛思罗普以玛格丽特·西德尼的笔名出版了广为流传的《小胡椒成长记》系列丛书。）他们的女儿玛格丽特·洛思罗普在这里一直住到1965年，而后这里被国家公园管理局收购，成为第一处与文学相关的景点。1971年向公众开放，并于1963年被选定为美国国家历史地标，1985年再次获选。

古屋
纪念碑街269号
康科德，马萨诸塞州 01742
开放时间：四月中旬至十月，周一至周六早上十点到下午四点半，周日和节假日中午十二点到下午四点半。
问讯电话：978-369-3909
www.concord.org/town/manse/old_manse.html

道临之家
列克星敦路455号

康科德，马萨诸塞州 01742
开放时间：五月至十月，早上十点到下午四点半。

问讯电话：978-369-6992, 分机号 22
www.nps.gov/mima/wayside

欧内斯特 · 海明威

作为与宝琳离婚协议的部分条款，迈阿密的佛罗里达国民银行成为房屋的受托机构，宝琳在世期间可以租住该房。海明威保留优先购买权。倘若宝琳去世，她百分之六十的份额将平分给她的儿子们。二十世纪四十年代，儿子们都在外上学，她觉得主楼对她而言太大，便将主楼出租，在后面的马车房给自己整理出小套房间，还建造了一间车库，车库顶上的房间给孩子们回家时住。1951 年宝琳猝然去世，海明威通过朋友兼总管托比 · 布鲁斯继续出租房屋及其附属建筑。1961 年他死后，地产继续出租，直到 1963 年，在基韦斯特开珠宝店的博妮斯·迪克森作为海明威的崇拜者，以八万美元价格买下了海明威之家。第二年，她对公众开放自行引导的参观之旅，1968 年这里被选定为美国国家历史地标。迪克森家族依然拥有此处地产。

欧内斯特 · 海明威之家及博物馆
怀特海德街 907 号
基韦斯特，佛罗里达州 33040
开放时间：每天早上九点到下午五点。

问讯电话：305-294-1136
www.hemingwayhome.com

华盛顿 · 欧文

欧文在遗嘱中把向阳居留给他哥哥埃比尼泽，在后者去世后财产又传给了欧文的侄女凯瑟琳和萨拉，她们在这里一直住到 1875 年。后来房屋转让给亚历山大 · 杜尔 · 欧文，1896 年又增建了一侧厢房。最终向阳居也历经“现代化”，装备了电力和管道系统。欧文家族继续生活这里，主要是来消夏，直到 1945 年亚历山大的儿子路易斯把向阳居卖给小约翰 · 戴 · 洛克菲勒作为他热心慈善的睡谷复原项目的一部分。接下去两年时间房屋历经翻新整修，于 1947 年向公众开放。二十世纪五十年代，房屋修复成原本的规模。1965 年向阳居被选定为美国国家历史地标。1987 年睡谷复原项目转变成哈得孙谷历史组织，如今由该组织负责维护运营向阳居。1996 年，北塔里敦居民经过投票，将小镇名称改为“睡谷”，以此表达对欧文的敬意。

向阳居
向阳居道（9 号公路）
塔里敦，纽约州 10591
开放时间：四月至十月，早上十点到下午五点；十一月和十二月，早上十点到下午四点；三月，周末，早上十点到下午四点。闭馆：一月和二月。

问讯电话：914-591-8763, 分机号 12
www.hudsonvalley.org

罗宾逊 · 杰弗斯

乌娜过世后，杰弗斯夫妇的儿子唐南与其妻李以及孩子们搬入石屋，以方便照料杰弗斯。唐南着手继续父亲的建造计划，进一步扩大房屋的范围。1962 年杰弗斯去世，唐南一家还住在这里，尽管多数地产在后来那些年间都卖掉了。罗宾逊 · 杰弗斯石屋基金会于 1978 年成立，取得石屋部分所有权，给予李终生租赁权，李于 1999 年去世。

石屋
海景大道 26304 号
卡梅尔，加利福尼亚州 93923
开放时间：周五和周六早上十点到下午三点，每小时讲解员导览。

问讯和预约电话：831-624-1813（周一至周四早上九点到下午一点）831-624-1840（周五至周六早上十点到下午四点）
www.torhouse.org

萨拉 · 奥恩 · 朱厄特

1909 年朱厄特去世后，她姐姐玛丽继续住在这里，直到 1930 年过世。少年时代曾住在这里的她的表侄西奥多 · 伊斯特曼已经成为波士顿颇有名望的内科医生，他继承了房屋，但一年后也去世了。他在遗嘱中把房屋留给新英格兰古迹保护协会，如今正是该协会负责运营这个地方。

萨拉 · 奥恩 · 朱厄特之家
波特兰街 5 号
南伯威克，缅因州 03908
开放时间：六月一日至十月十五日，周五至周日，早上十一点到下午四点每小时参观；提前致电。

问讯电话：207-384-2454
www.spnea.org/visit/homes/jewett.htm

亨利 · 沃兹沃斯 · 朗费罗

朗费罗的长女艾丽斯在诗人去世后依然住在克雷吉之家，将其奉为圣地悉心保存，并将房屋和查尔斯河之间的地产捐赠给坎布里奇市用于创建朗费罗公园。1913 年朗费罗之家信托创立，让艾丽斯继续住在这里，直到 1928 年她去世，同时将这里向公众开放，起教育宣传之用。1935 年，信托方打算将房屋转让给哈佛大学，后来还提出给拉德克利夫学院作为校长官邸，但朗费罗家族成员表示反对，先后阻止了这些安排。直到二十世纪五十年代，朗费罗家族成员仍住在这里，当时负责管理的是诗人的孙女安 · 朗费罗 · 索普。1972 年国会认可其为朗费罗国家历史遗迹，两年后由国家公园管理局接管这块地产。

朗费罗国家历史遗迹
布莱特大街 105 号
坎布里奇，马萨诸塞州 02138
开放时间：周三至周日，早上十点到下午四点。

问讯电话：617-876-4491
www.nps.gov/long

赫尔曼 · 梅尔维尔

1863 年梅尔维尔离开箭头农场后，房屋依然属于他的家人。1927 年，一位年轻的学者亨利 · 默里博士向梅尔维尔的外甥女玛格丽特 · 莫伍德表明自己想买下箭头农场并将其建为梅尔维尔博物馆。他们始终没有达成协议，莫伍德把箭头农场卖给了五位后续所有人中的第一位，家具则都拍卖掉。1953 年默里把他收集的梅尔维尔的纪念品都捐赠给距离箭头农场五英里之遥的皮茨菲尔德伯克希尔文学协会，协会那里的“梅尔维尔的房间”如今藏有不少稀世珍品。伯克希尔历史协会于 1975 年购入箭头农场，此后负责运营维护。1962 年箭头农场被选定为美国国家历史地标。

箭头农场
霍姆斯路 780 号
皮茨菲尔德，马萨诸塞州 01201
开放时间：阵亡将士纪念日周末起至哥伦布纪念日周末，每天早上九点半到下午五点。

问讯电话：413-442-1793
www.mobydick.org

埃德娜 · 圣文森特 · 米莱

米莱去世后，她的妹妹诺玛搬进了斯蒂普尔山庄。她和丈夫画家查尔斯·埃利斯将房屋中的一切保持原位，如同诗人在世时的那样。诺玛甚至还把自己的衣服挂在浴室的浴帘杆上而不愿扰乱米莱那些依然挂在衣橱中的衣物。斯蒂普尔山庄在1971年被选定为美国国家历史地标。1986年诺玛去世后，房屋和地产的所有权传给埃德娜·圣文森特·米莱协会，目前协会运营维护此处故居。修复工作在进行中，但房屋现在没有对公众开放。

详情查看：millaysoc@aol.com

法兰纳里·奥康纳

法兰纳里·奥康纳去世后，她的母亲丽贾纳回到米利奇维尔的克莱恩家去照顾她身体欠佳的妹妹。她甚少到庄园来，安达卢西亚庄园的境况每况愈下。丽贾纳以九十九岁高龄于1995年去世，她将安达卢西亚庄园留给外甥女玛格丽特和路易斯·弗洛伦考特。庄园后来交给法兰纳里·奥康纳-安达卢西亚基金会，如今由基金会维护运营庄园。

安达卢西亚庄园

北哥伦比亚街2628号（441号公路）

米利奇维尔，佐治亚州31059

开放时间：周二和周六，早上十点到下午四点导览。

问讯及安排参观电话：478-454-4029或致电800-653-1804联系米利奇维尔会议和游客管理局。
www.andalusiafarm.org

尤金·奥尼尔

1944年2月，奥尼尔夫妇以约六万美元的价格，将大道别墅卖给奥克兰的一位律师阿瑟·卡尔森和他的妻子。原先建造大道别墅花费了他们十万美元，这桩买卖想来损失不小。售出房屋后，奥尼尔和卡尔森夫妇会面，提及他觉得附近的群山在冬天有着“灯芯绒般的质地”，卡尔森夫妇不久就把这片地产重新命名为“灯芯绒山牧场”，并移除西面花园门上用锻铁打造出的“大道别墅”中文大字。接踵而至的还有许多其他细节上的改动，他们又增加了数百英亩地产。1971年大道别墅被选定为美国国家历史地标，五年后大道别墅以及十三亩地产被认定为国家历史遗迹。1980年这片地产的产权转给美国政府，自此国家公园管理局开始修复房屋至原本的状态。

尤金·奥尼尔国家历史遗迹

阿尔汉布拉大街4202号

马丁内斯，加利福尼亚州94553

开放时间：全年每天早上十点到中午十二点半导览。免费参观，但需事先预约，提供到别墅的交通。元旦、感恩节和圣诞节关闭。

问讯和预约电话：925-838-0249
www.nps.gov/euon

尤多拉·韦尔蒂

韦尔蒂于2001年去世。1986年她立契将房屋和地产连同她的藏书、手稿和往来书信都一起转让给了密西西比州历史档案馆，作为交换条件，她享有在此地的终生租住权。房屋内的其他物品她都留给侄女们，她们后来又都捐给了州政府。

尤多拉·韦尔蒂之家

派恩赫斯特街1119号

杰克逊，密西西比州39202

问讯电话：601-353-7762（这是韦尔蒂在世时自己的电话号码。）
www.mdah.ms.us/welty

伊迪丝·华顿

华顿夫妇以秘而不宣的价格将蒙特山庄售予1909年夏天居住这里的租户，来自康涅狄格州格林威治的艾伯特和玛丽·沙特克。依照当时的习惯，售房契约规定须为房屋、地产和家具支付一美元以及“其他金额不菲的补偿费”——估算下来总计达十八万美元。他们将山庄重新命名为“多雪屋舍”，对地产进行了造价二十万美元的改造，在这里一直住到1935年沙特克夫人去世。她的继承者拍卖了她的财产（包括华顿给房屋添置的十八世纪弗兰德斯挂毯），1938年又将地产以两万五千六百美元的价格卖给了卡尔和路易丝·凡·安达，1942年以更低的价格再度易手转到一所名为福克斯霍娄的女子预科学校。在接下去的三十年时间中，蒙特山庄是三四年级学生的宿舍。1971年，蒙特山庄被选定为美国国家历史地标，翌年该校因财政困难而关闭。房屋无人居住，直到1977年被收购以期开发为一处公寓或分时共享度假胜地。那些计划安排进行之际，一家戏剧公司租下蒙特山庄并获得购买权，但无法筹集足够资金。1979年，私立非营利性的伊迪丝·华顿修复公司成立，根据与国家古迹保护托管协会的协议，收购了蒙特山庄。自那时起由他们负责运营。1997年开始修复工作。

蒙特山庄

普伦基特街2号（7号公路下）

莱诺克斯，马萨诸塞州01240

开放时间：五月至十一月每天早上九点到下午五点。

问讯电话：413-637-1899
www.EdithWharton.org

沃尔特·惠特曼

惠特曼向临终的母亲承诺过，他会一直照顾弟弟艾迪，因此他在遗嘱中把房屋留给了他。艾迪当时住在坎姆登斯蒂文斯街他弟弟乔治和弟媳路易莎的家中，由他们照顾。惠特曼去世不久后，艾迪和路易莎先后于1892年去世，因此房屋所有权传给了乔治，乔治死后又传给了侄女杰西，杰西是惠特曼住在圣路易斯的弟弟杰斐逊的女儿。房屋一直都给出租出去。惠特曼的追随者贺拉斯·屈劳伯尔一直想把惠特曼之家打造成一处历史圣祠，1919年他去世后，也屡见新人有此意向。1920年坎姆登市购入惠特曼之家，不出几年即向公众开放。其早期成员包括惠特曼圈内朋友的沃尔特·惠特曼基金会帮助重新收购原有的家具，杰西·惠特曼也是主要捐赠者。1947年新泽西州买下惠特曼之家，1963年这里被选定为美国国家历史地标。

沃尔特·惠特曼之家

米格尔街328号

坎姆登，新泽西州08103

开放时间：全年每周三到周六。

问讯电话：856-964-5383
www.njparksandforests.org/historic/whitman

参考文献

Louisa May Alcott
The Journals of Louisa May Alcott. Edited by Joel Meyerson and Daniel Shealy, with Madeleine B. Stern. Little, Brown, 1989.
Little Women, Little Men, Jo's Boys. Edited by Elaine Showalter. Library of America, 2005.
Selected Fiction. Edited by Daniel Shealy, Madeleine B. Stern, and Joel Myerson. Little, Brown, 1990.
The Selected Letters of Louisa May Alcott. Edited by Joel Meyerson and Daniel Shealy, with Madeleine B. Stern. Little, Brown, 1987.

Saxton, Martha. *Loiusa May Alcott: A Modern Biography.* Houghton Mifflin, 1977.
Stern, Madeleine B. *Louisa May Alcott: A Biography.* 2nd ed. Random House, 1996.

Kate Chopin
Complete Novels and Stories. Edited by Sandra M. Gilbert. Library of America, 2002.

Toth, Emily. Kate Chopin. William Morrow, 1990.
——.*Unveiling Kate Chopin.* University Press of Mississippi, 1999.
Walker, Nancy A. *Kate Chopin: A literary Life.* Palgrave, 2001.

Emily Dickinson
The Letters of Emily Dickinson. Edited by Thomas H. Johnson and Theodora Ward. The Belknap Press of Harvard University Press,1958.
The Poems of Emily Dickinson. Edited by R. W.Franklin. Harvard University Press, 1998.

Benfy, Christopher, Polly Longworth, and Barton Levi St. Aubin (with photographs by Jerome Liebling). *The Dickinsons of Amherst.* University Press of New England. 2001.
Farr, Judith. *The Passion of Emily Dickinson.* Harvard University Press. 1992.
Habegger, Alfred. *My Wars Are Laid Away in Books: The Life of Emily Dickinson.* Random House, 2001.
Sewell, Richard B. *The Life of Emily Dickinson.* Farrar, Straus & Giroux, 1974.

Frederick Douglass
Autobiographies. Edited by Henry Louis Gates, Jr. Library of America, 1994.

Foner, Philip S. *Frederick Douglass.* Citadel Press,1964.
Huggins, Nathan I. *Slave and Citizen: The Life of Frederick Douglass.* Little, Brown, 1980.
Martin, Waldo E. *The Mind of Frederick Douglass.* University of North Carolina Press,1984.
McFeely, William S. *Frederick Douglass.* W. W.Norton, 1991.

Ralph Waldo Emerson
Collected Poems and Translations. Edited by Harold Bloom and Paul Kane. Library of America, 1994.
Essays and Lectures. Edited by Joel Porte. Library of America, 1983.
The Selected Letters of Ralph Waldo Emerson. Edited by Joel Myerson. Columbia University Press, 1998.

Buell, Lawrence. *Emerson.* Harvard University Press, 2003.
Reynolds, David. *Beneath the American Renaissance: The Subversive Imagination in the age of Emerson and Melville.* Knopf, 1988.
Richardson, Robert D., Jr., *Emerson: The Mind on Fire.* University of California Press, 1995.

William Faulkner
Conversations with William Faulkner. Edited by M. Thomas Inge. University Press of Mississippi, 1999.
Novels 1930-1935. Edited by Joseph Blotner and Noel Polk. Library of America, 1985.
Novels 1936-1940. Edited by Joseph Blotner and Noel Polk. Library of America, 1990.
Novels 1942-1954. Edited by Joseph Blotner and Noel Polk. Library of America, 1994.
Novels 1957-1962. Edited by Joseph Blotner and Noel Polk. Library of America, 1999.

Blotner, Joseph. *Faulkner: A Biography.* Random House, 1984.
Gray, Richard. *The Life of William Faulkner: A Critical Biography.* Blackwell, 1994.
Williamson, *Joel. William Faulkner and Southern History.* Oxford University Press, 1996.

Robert Frost
Collected Poems, Prose, and Plays. Edited by Richard Poirier and Mark Richardson. Library of America, 1995.
Selected Letters of Robert Frost. Edited by Lawrance Thompson. Holt, Rinehart and Winston, 1964.

Cox, James B. *Robert Frost : A Collection of Critical Views.* Prentice-Hall, 1962.
Frost, Lesley. *New Hampshire's Child.* State University of New York Press, 1969.
Parini, Jay. *Robert Frost: A Life.* Henry Holt, 1999.
Poirier, Richard. *Robert Frost: The Work of Knowing.* Oxford University Press, 1977.
Pritchard, William H. *Frost: A Literary Life Reconsidered.* Oxford University Press, 1989.

Nathaniel Hawthorne
Collected Novels. Edited by Millicent Bell. Library of America, 1983.
Tale and Sketches. Edited by Roy Harvey Pearce. Library of America, 1982.

Brodhead, Richard. *Hawthorne, Melville, and the Novel.* University of Chicago Press, 1982.
James, Henry. *Hawthorne* (1879). Cornell University Press, 1998.
Mellow, James. *Nathaniel Hawthorne in His Times.* Houghton Mifflin, 1980.
Miller, Edwin Haviland. *Salem Is My Dwelling Place: A Life of Nathaniel Hawthorne.* University of Iowa Press, 1991.
Wineapple, Brenda. *Hawthorne: A Life.* Knopf, 2003.

Ernest Hemingway
A Farewell to Arms. Charles Scribner's Sons, 1929.
Green Hills of Africa. Charles Scribner's Sons, 1935.
To Have and Have Not. Charles Scribner's Sons, 1937.
A Moveable Feast. Charles Scribner's Sons, 1964.
Selected Letters 1917-1961. Edited by Carlos Baker. Charles Scribner's Sons, 1981.
The Short Stories of Ernest Hemingway. Charles Scribner's Sons, 1966.
The Sun Also Rises. Charles Scribner's Sons, 1926.
For Whom the Bell Tolls. Charles Scribner's Sons, 1940.

Baker, Carlos. *Ernest Hemingway: A Life Story.* Charles Scribner's Sons, 1969.
Lynn, Kenneth S. *Hemingway.* Harvard University Press, 1987.
McLendon, James. *Papa: Hemingway in Key West.* Langley Press, 1990.
Reynolds, Michael. *Hemingway: The 1930s.* Norton, 1997.

Washington Irving
Bracebridge Hall, Tales of a Traveller, The Alhambra. Edited by Andrew B. Myers.Library of America, 1991.
History, Tales and Sketches. Edited by James W. Tuttleton. Library of America, 1983.
Letters. Edited by Ralph M. Aderman, Herbert L.Kleinfield, and Jenifer S. Banks. Twayne,1979-82.
Three Western Narratives. Edited by James P.Ronda. Library of America, 2004.

Wagenknecht, Edward. *Washington Irving: Moderation Displayed.* Oxford, 1963.
Williams, Stanley T. *The Life of Washington Irving.* Oxford, 1935.

Robinson Jeffers
The Collected Poetry of Robinson Jeffers. Edited by Tim Hunt. Stanford University Press, 5 vols., 1988-2001.
The Selected Letters of Robinson Jeffers, 1897-1962. Edited by Ann N. Ridgeway. Johns Hopkins Press, 1968.

The Selected Poetry of Robinson Jeffers. Edited By Tim Hunt. Stanford University Press, 2001.
The wild God of the World: An Anthology of Robinson Jeffers. Edited by Albert Gelpi. Stanford University Press, 2003.

Karman, James. Robinson Jeffers: Poet of California. Revised edition.

Story Line Press, 2001.

Sarah Orne Jewett
Novels and Stories. Edited Michael Davitt Bell.Library of America, 1994.

Green, David Bunnell. *The World of Dunnett Landing: A Sarah Orne Jewett Collection.* University of Nebraska Press, 1962.
Matthiessen, F. O. *Sarah Orne Jewett.* Houghton Mifflin, 1929.
Sherman, Sarah Way. *Sarah Orne Jewett: An American Persephone.* University Press of New England, 1989.
Silverthorne, Elizabeth. *Sarah Orne Jewett: A Writer's Life.* Overlook Press, 1993.

Henry Wadsworth Longfellow
Poems and Other Writings. Edited by J. D. McClatchy. Library of America, 2000.

Arvin, Newton. *Longfellow: His Life and Work.* Atlantic Little Brown, 1963.
Calhoun, Charles C. *Longfellow: A Rediscovered Life.* Beacon, 2004.

Herman Melville
Pierre, Israel Potter, The Confidence-Man, Tales, and Billy Budd. Edited by Harrison Hayford. Library of America, 1984.
Redburn, White-Jacket, Moby-Dick. Edited by G. Thomas Tanselle. Library of America, 1983.
Typee, Omoo, Mardi. Edited by G. Thomas Tanselle. Library of America, 1982.

Arvin, Newton. *Herman Melville.* William Sloane, 1950.
Hardwick, Elizabeth. *Herman Melville.* Viking, 2000.
Parker, Hershel. *Herman Melville: A Biography, Vol. 1, 1819-1851.* John Hopkins University Press, 1996.
——. *Herman Melville: A Biography, Vol. 2, 1851-1891.* John Hopkins University Press, 2002.
Robertson-Lorant, Laurie. *Melville, a Biography.* Clarkson Potter, 1996.

Edna St. Vincent Millay
Collected Poems. Edited by Norma Millay. Harper & Row, 1956.
Letters of Edna St. Vincent Millay. Edited by Allan Ross Macdougall. Harper & Row, 1952.
Selected Poems. Edited by J. D. McClatchy. Library of America, 2003.

Epstein, Daniel Mark. *What Lips My Lips Have Kissed: The Loves and Love Poems of Edna St. Vincent Millay.* Henry Holt. 2001.
Milford, Nancy. *Savage Beauty: The Life of Edna St. Vincent Millay.* Random House, 2001.

Flannery O'Connor
Collected Works. Edited by Sally Fitzgerald. Library of America, 1988.
Conversations with Flannery O'Connor. Edited by Rosemary M. Magee. University Press of Mississippi, 1987.
The Habit of Being: Letters of Flannery O'Connor. Edited by Sally Fitzgerald. Farrar, Straus & Giroux, 1979.

Asals, Frederick. *Flannery O'Connor: The Imagination of Extremity.* University of Georgia Press, 1982.
Cash, Jean W. *Flannery O'Connor: A Life.* University of Tennessee Press, 2002.
Elie, Paul. *The Life You Save May Be Your Own: An American Pilgrimage.* Farrar, Straus & Giroux, 2003.

Eugene O'Neill
Complete Plays 1913-1920. Edited by Travis Bogard. Library of America, 1988.
Complete Plays 1920-1931. Edited by Travis Bogard. Library of America, 1988.
Complete Plays 1932-1943. Edited by Travis Bogard. Library of America, 1988.
Selected Letters of Eugene O'Neill. Edited by Travis Bogard and Jackson R. Bryer. Yale University Press, 1988.
Work Diary, 1924-1941. Edited by Donald Gallup. Yale University Press, 1981.

Black, Stephen *A. Eugene O'Neill:Beyond Mourning and Tragedy.* Yale University Press, 1999.
Gelb, Arthur, and Barbara Gelb. *O'Neill.* Harper & Brothers, 1962.
Sheaffer, Louis. *O'Neill, Son and Playwright.* Little, Brown, 1968.
——. *O'Neill, Son and Artist.* Little, Brown, 1973.

Mark Twain (Samuel Clemens)
Collected Tales, Sketches, Speeches, and Essays 1852-1890. Edited by Louis J. Budd. Library of America, 1992.
Collected Tales, Sketches, Speeches, and Essays 1891-1910. Edited by Louis J. Budd. Library of America, 1992.
The Gilded Age and Later Novels. Edited by Hamlin L. Hill. Library of America, 2002.
Historical Romances. Edited by Susan K. Harris. Library of America, 1994.
The Innocents Abroad and Roughing It. Edited by Guy Cardwell. Library of America, 1984.
Mississippi Writings. Edited by Guy Cardwell. Library of America, 1982.

Andrews, Kenneth R. *Nook Farm: Mark Twain's Hartford Circle.* Harvard University Press, 1950.
Geismar, Maxwell. *Mark Twain: An American Prophet.* Houghton Mifflin, 1970.
Kaplan, Fred. *The Singular Mark Twain.* Doubleday, 2003.
Kaplan, Justin. *Mr. Clemens and Mark Twain.* Simon and Schuster, 1966.
Ward, Geoffrey C., and Dayton Duncan. *Mark Twain.* Knopf, 2001.

Eudora Welty
Conversations with Eudora Welty. Edited by Peggy Whitman Prenshaw. University Press of Mississippi, 1984.
Complete Novels. Edited by Richard Ford and Michael Kreyling. Library of America, 1998.
Eudora Welty Photographs. Foreword by Reynolds Price. University Press of Mississippi, 1989.
More Conversations with Eudora Welty. Edited By Peggy Whitman Prenshaw. University Press of Mississippi, 1996.
Stories, Essays, and Memoir. Edited by Richard Ford and Michael Kreyling. Library of America, 1998.
A Writer's Eye: Collected Book Reviews. Edited by Pearl Amelia McHaney. University Press of Mississippi, 1994.

Kreyling, Michael. *Author and Agent: Eudora Welty and Diarmuid Russell.* Farrar, Straus & Giroux, 1991.
Marrs, Susanne. *One Writer's Imagination: The Fiction of Eudora Welty.* Louisiana State University Press, 2002.
Waldron, Ann. *Eudora: A Writer's Life.* Doubleday, 1998.

Edith Wharton
Collected Stories 1891-1910. Edited by Maureen Howard. Library of America, 2001.
Collected Stories 1911-1937. Edited by Maureen Howard. Library of America, 2001.
The Letter of Edith Wharton. Edity by R. W. B. Lewis and Nancy Lewis. Scribners, 1988.
Novellas and Other Writings. Edited by Cynthia Griffin Wolff. Library of America, 1990.
Novels. Edited by R. W. B. Lewis, Library of America, 1985.

Benstock, Shari. *No Gifts from Chance: A Biography of Edith Wharton.* Scribners, 1994.
Craig, Theresa. *Edith Wharton, A House Full of Rooms: Architecture, Interiors, and Gardens.* Monacelli, 1996.
Dwight, Eleanor. *Edith Wharton: An Extraordinary Life.* Harry N. Abrams, 1994.
Lewis, R. W. B. *Edith Wharton: A Biography.* Harper & Row, 1975.
Wolff, Cynthia Griffin. *A feast of Words: The Triumph of Edith Wharton.* Oxford, 1993.

Walt Whitman
Intimate with Walt: Selections from Whitman's Conversations with Horace Traubel 1888-1892. Edited by Gary Schmidgall. University of Iowa Press, 2001.
Poetry and Prose. Edited by Justin Kaplan. Library of America, 1982.
Selected Poems. Edited by Harold Bloom. Library of America, 2002.

Kaplan, Justin. *Walt Whitman: A Life.* Simon and Schuster, 1980.
Loving, Jerome. *Walt Whitman: The Song of Himself.* University of California Press, 1999.
Reynolds, David S. *Walt Whitman's America: A Cultural Biography.* Alfred A. Knopf, 1995.

图字：09-2018-076 号

图书在版编目（CIP）数据

美国文豪之家 /（美）J. D. 麦克拉奇（J. D. McClatchy）著；（美）埃丽卡 · 伦纳德（Erica Lennard）摄；赖小婵译 . —上海：上海译文出版社，2020.10

书名原文：American Writers At Home

ISBN 978-7-5327-8342-7

I. ①美… II. ①J… ②埃… ③赖… III. ①作家—列传—美国 IV. ① K837.125.6

中国版本图书馆 CIP 数据核字（2021）第 045793 号

美国文豪之家

[美] J.D. 麦克拉奇 / 著 [美] 埃丽卡 · 伦纳德 / 摄影 赖小婵 / 译
责任编辑 / 吴洁静 装帧设计 / 柴昊洲

上海译文出版社有限公司出版、发行
网址：www.yiwen.com.cn
200001 上海福建中路 193 号
上海中华商务联合印刷有限公司印刷

开本 787×1092 1/16 印张 17 插页 4 字数 141,000
2021 年 4 月第 1 版 2021 年 4 月第 1 次印刷
印数：0,001 – 5,200 册
ISBN 978-7-5327-8342-7/I · 5111
定价：168.00 元